Le livre de chevet pour s'endormir en se marrant

ISBN : 978-2-412-05033-0
Dépôt légal : octobre 2019
Imprimé en France par Chirat

Mise en page : Claude Combacau
Relecture : Marjorie Poitte
Illustration moutons : Éric Roux
Labyrinthes : www.desmoulins.fr
Photographie de couverture : © iStock

Éditions First, un département d'Édi8
12, avenue d'Italie
75 013 Paris – France
Tél. : 01 44 16 09 00
Fax : 01 44 16 09 01
E-mail : firstinfo@efirst.com
Site Internet : www.editionsfirst.fr

Laurent Gaulet

Le livre de chevet pour s'endormir en se marrant

FIRST
ÉDITIONS

Une dose de rire

Histoire à dormir debout

Deux paysans observent un troupeau de vaches.
— Je peux te dire le nombre de vaches qu'il y a dans ce pré en un temps record ! affirme le premier.
— Vas-y, je t'écoute ! défie le second.
— Il y en a... 56 !
— Mais comment as-tu fait ?
— Ben... C'est simple. Je compte le nombre de cornes, et je divise par deux !

Dans tes rêves !

Dans un train, un type regarde une fille avec insistance. Excédée, elle lui lance :
— Vous n'en avez pas marre de me dévisager ?!
— Je ne vous dévisage pas, je vous envisage.

À méditer avant de s'endormir

Si l'on rêve que l'on dort pendant que l'on dort, faut-il se réveiller deux fois ?

Un couple de rêve

Un enfant demande à son père :
— Dis, papa, c'est vrai que maman est une fée ?
— Non, pourquoi demandes-tu cela ?
— Ben... C'est papy ! Il m'a dit que maman te faisait marcher à la baguette.

Deux doses de rire

À méditer avant de s’endormir

Il y a des coups de pieds au cul qui se perdent ! Mais où ?

Une petite avant de s’endormir

Un enseignant entre dans la salle des professeurs et lance à ses collègues :
— Éduquons !
— Du con toi-même ! répond l’un d’eux.

Fatigué

Un Corse se roule une cigarette. Son copain lui demande :
— Tu fumes toujours ? Je croyais que ton médecin t’avait dit qu’il fallait arrêter. En plus, tu les roules toi-même, maintenant ?!
— Mmmoui… En fait, il m’a dit que je pouvais continuer à fumer un peu, à condition que je fasse de l’exercice !

Au lit les petits !

Un père questionne son fils :
— Il y avait deux glaces dans le congélateur. Peux-tu m’expliquer pourquoi il n’en reste qu’une ?
— Ben… J’avais pas vu la deuxième…

Comptez les moutons pour vous endormir !

Nombre total de moutons : ....

Quel mouton n'est pas dans le sens du troupeau ?

Cervelle en sommeil

Une blonde demande à une autre blonde :
— Tu savais que la ceinture de sécurité était obligatoire même à l'arrière ?
— Non ?! Mais c'est débile ! Si je mets la ceinture à l'arrière, je n'arriverais jamais à toucher les pédales !

À méditer avant de s'endormir

Quand on dit « juste un doigt », est-ce un doigt dans le sens de la hauteur ou de la longueur ? Et parle-t-on du pouce ou bien du petit doigt ?

Dans de beaux draps !

Une femme entre dans le cabinet du docteur.
— Pardonnez-moi, docteur, mais je crois que j'ai oublié ma petite culotte chez vous, hier, en me rhabillant après la consultation...
— Non, pas du tout ! répond le docteur.
— Ah ? Oups ! Désolée... Ce doit être chez le dentiste !

Une petite avant de s'endormir

Quelle différence y a-t-il entre Bourg-en-Bresse et Florence ?
À Bourg-en-Bresse, il y a des filles qui s'appellent Florence.

Activité défoulatoire

Dressez une liste de mots, tous directement liés au sommeil et à la chambre à coucher.
Lorsque vous aurez rempli cet espace, peut-être aurez-vous trouvé le sommeil ?

Sommeil – Chambre ....

Mot caché

Retrouvez les mots de cette liste pour découvrir le mot caché !

blagues	papier
clavier	course
cochon	vertical
couleur	talons
demain	blonde
dragon	terre
femme	nuage
fille	yeux

s	e	n	d	e	m	m	e	f	o
n	o	h	c	o	c	x	u	e	y
o	s	v	e	r	t	i	c	a	l
l	e	r	e	i	v	a	l	c	r
a	u	e	t	c	n	d	d	o	b
t	g	l	e	o	u	e	r	u	l
m	a	l	r	u	a	m	a	l	o
i	l	i	r	r	g	a	g	e	n
r	b	f	e	s	e	i	o	u	d
p	a	p	i	e	r	n	n	r	e

Coin nuit

Notez ici ce que vous ne souhaitez pas oublier et qui pourrait vous empêcher de dormir : ....

Chassez vos idées noires : ....

Une dose de rire

Tapage nocturne

Un type passe une soirée chez un copain. Il remarque un gong accroché au mur de son appartement.
— À quoi sert ce gong ? demande-t-il à son pote.
— Ce n'est pas un gong, c'est une horloge parlante !
Le type prend alors le marteau et donne un coup sur le gong.
Un court instant plus tard, on entend un voisin hurler :
« C'est pas bientôt fini tout ce bruit à deux heures du matin ! »

Au lit les petits !

En vacances chez sa mamie, un petit garçon fait une grosse bêtise. Pour le punir, la mamie l'enferme dans le poulailler.
Le petit hurle alors :
— M'en fous ! Je pondrai pas !!

Non mais je rêve !

Un Parisien en vacances à la campagne est en admiration devant un potager.
— Mais comment faites-vous pour obtenir de si gros radis ? demande-t-il au jardinier.
Et ce dernier lui répond :
— Je sème des betteraves...

Deux doses de rire

Une petite avant de s'endormir

Qu'est-ce qu'un policier sur un tracteur ?
Un poulet fermier !

Prière du soir

Un petit garçon regarde une statue de la Sainte Vierge en train de prier les mains jointes.
— Sais-tu qui c'est ? lui demande sa maman.
— Oui, une dame qui s'apprête à plonger toute habillée !

Un couple de rêve

Un homme se confie à un copain :
— J'ai raté mes deux mariages ! À mon premier mariage, ma femme est partie…
— Et le second ?
— Elle est restée…

Qui dort dîne

Lors d'un dîner, un type dit à la maîtresse de maison :
— Ce repas est merveilleux ! Chez moi, j'ai toujours un petit appétit et je ne fais que grignoter. Chez vous, j'ai une faim de loup !
— Mais je vous en prie, cher ami… faites comme chez vous !

Trois doses de rire

Humour noir pour nuits blanches

Deux anciens copains se retrouvent.
— Comment vas-tu ? Tu es marié ?
— Oui et ma femme est un ange !
— T'as du bol ! La mienne est encore vivante...

Une mignonne pour faire de beaux rêves

Quelle différence y a-t-il entre un horloger et une girouette ?
L'horloger vend des montres et la girouette montre le vent.

Fermons les yeux

Une femme vient d'être nommée directrice des ressources humaines. Lors d'une réunion de cadres, le grand patron la présente au reste de l'équipe :
— J'ai le plaisir de vous présenter Samantha, votre nouvelle directrice des ressources humaines ! Samantha a été engagée chez nous il y a deux mois, comme hôtesse d'accueil.
Une semaine plus tard, elle devenait commerciale et encore une semaine plus tard, chef des ventes. Et ainsi de suite, de semaine en semaine, à force de travail, Samantha a su gravir un à un les échelons. Samantha, qu'avez-vous à nous dire ?
La directrice des ressources humaines se lève et balbutie :
— Mer... Merci !
— C'est tout ? dit le grand patron.
— Pardon... Merci, chéri !

Labyrinthe

Saurez-vous trouver le chemin du sommeil ?

Boggle

Trouvez le maximum de mots de 4 lettres et plus !

GIVRE - VITE - BACS - CIVET
GRIVE - DITE - RITE - VIDER
DOTE - VIDEO - TROIE
GITE - SACS
ROTI - SOTE - GRIS
GATE - TIRS - CREVA
DOIT - DOIGT - DISE
BOIS - BOISÉ - BRAVE
VITRE - AVEC - BARS
VOTE - BAVE - BORD
BASE - BITE - DORT

Kalkultou

Trouvez les chiffres manquants en résolvant toutes les opérations.

1	+	5	-	3	+	3	=	6
-		+		+		-		-
4	+		-	7	+		=	8
+		-		-		+		+
2	-	4	+	4	+	3	=	5
+		-		-		-		+
4	-		+	2	-		=	3
=		=		=		=		=
3	+	9	-	4	-	2	=	6

Comptez les moutons pour vous endormir !

Nombre total de moutons : ....

Un mouton n'a qu'une seule oreille... Où est-il ?

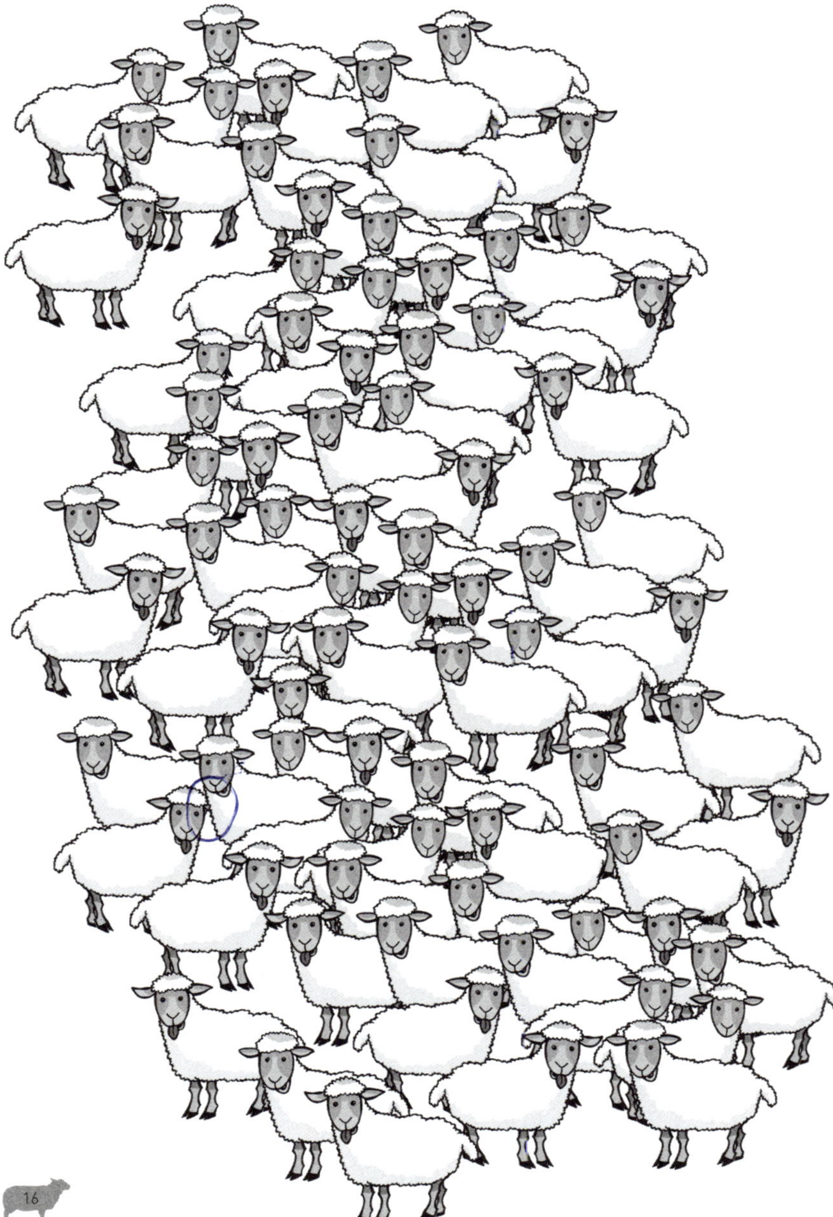

Alité

Une blonde vient d'accoucher. Une sage-femme lui rend visite dans sa chambre et constate que le bébé a besoin d'être changé.
— Mais votre bébé est tout mouillé ! Ne bougez pas, je le prends et je vais le changer !
Quelques instants plus tard, la sage-femme revient dans la chambre en tenant le bébé dans ses bras.
— Et voilà ! Un bébé changé tout propre !
— Vous vous moquez de moi ? dit la blonde. Je vois bien que c'est toujours le même bébé !

Un dernier avant d'aller se coucher

Accoudé à un bar, un type regarde sa montre et lance :
— Ah ! Voilà le meilleur moment de la journée... Trop tard pour aller au boulot, et trop tôt pour rentrer chez moi !

À méditer avant de s'endormir

Pourquoi, lorsqu'elles sont encore trop vertes, les prunes noires sont-elles rouges ?

Prière du soir

Quelle est la formule de l'eau bénite ?
H Dieu O.

Sudoku

Complétez la grille de manière à ce que chaque ligne, chaque colonne et chaque carré de 3 × 3 contienne une seule fois les chiffres de 1 à 9.

5	6	4	1	3	8	7	2	9
3	2	1	9	4	7	5	8	6
8	7	9	2	5	6	3	1	4
6	8	2	5	1	4	9	7	3
7	4	5	8	9	3	2	6	1
1	9	3	6	7	2	8	4	5
4	3	6	7	8	5	1	9	2
9	5	7	4	2	1	6	3	8
2	1	8	3	6	9	4	5	7

Kalkultou

Trouvez les chiffres manquants en résolvant toutes les opérations.

1	+	2	-	6	+	5	=	2
-		+		+		-		-
2	+		-	3	+		=	5
+		-		-		+		+
2	-	2	+	1	+	4	=	7
+		+		-		+		+
3	-		+	6	-		=	1
=		=		=		=		=
6	+	9	-	2	-	8	=	5

Message codé

Selon le principe des lettres de l'alphabet décalées et le code « tu es alité » (Tu es « A » lis « T »), déchiffrez cette phrase :

« Vxenb jnb whkm mkhi xgwhkm lhg xlikbm. »

Proverbe franc-comtois

Réponse : ....

....

Coin nuit

Notez ici ce que vous ne souhaitez pas oublier et qui pourrait vous empêcher de dormir : ....

....

....

Quels sont les lieux où vous aimeriez dormir ? ....

....

....

À méditer avant de s'endormir

On dit que les pattes de lapin portent chance.
Ont-elles réellement porté chance aux lapins ?

Chuuuuut !

Une jeune fille prend son petit déjeuner en compagnie de ses parents. Ces derniers semblent fâchés. La jeune fille se décide à rompre le silence :
— C'est parce qu'un copain a fait du bruit avec sa moto en me ramenant cette nuit que vous faites la tronche ?
— Non, répond la mère. Ce qui nous gêne, c'est plutôt le très long silence qu'il y a eu entre le moment où il a coupé son moteur et le moment où tu es rentrée…

Un couple de rêve

Une mère de famille gronde son fils :
— Combien de fois devrais-je te répéter que tu ne dois pas interrompre ton père lorsqu'il m'écoute !

Une petite avant de s'endormir

Quelle différence y a-t-il entre quelqu'un de courageux et quelqu'un de téméraire ?
Le courageux est celui qui sort du restaurant sans laisser de pourboire et en affirmant avoir mal mangé, le téméraire est celui qui y retourne déjeuner le lendemain.

Deux doses de rire

Humour noir pour nuits blanches

Un homme qui coupait du bois se tranche les dix doigts. Il court jusqu'à l'hôpital, où un chirurgien le reçoit en urgence.
— Vous avez de la chance ! dit-il. Je suis un spécialiste de la greffe des doigts ! Donnez-moi vos doigts et on commence l'opération tout de suite.
— Mais, docteur, je n'ai pas pu les ramasser !

Cervelle en sommeil

À quel moment une blonde s'aperçoit-elle qu'elle a oublié son parapluie ?
Lorsqu'elle veut le refermer.

Fermons les yeux

Une femme entre dans le cabinet d'un médecin et se déshabille. Elle se présente nue face au docteur et lui demande :
— Alors, qu'en pensez-vous, docteur ?
Et l'homme lui répond :
— J'en pense que vous avez besoin de lunettes, madame. Le docteur, c'est l'étage au-dessus !

Une petite avant de s'endormir

Quel bout de la corde envoie-t-on à un huissier qui se noie ?
Les deux !

Trois doses de rire

Une mignonne pour faire de beaux rêves

Quel est le comble pour un médium ?
C'est de perdre la boule.

Non mais je rêve !

Une femme téléphone à sa mère :
— Il n'est pas encore rentré du travail !
— Je t'avais prévenu. Il ne fallait pas l'épouser !
— Oui, je sais… Je suis sûre qu'il voit une autre femme !
— Pourquoi vois-tu toujours les choses en noir ? Peut-être qu'il a simplement eu un accident…

Une petite avant de s'endormir

Pourquoi Hulk a-t-il un beau jardin ?
Parce qu'il a la main verte.

Un dernier avant d'aller se coucher

Dans un bar, un type dit au barman :
— J'ai lu un article sur les méfaits du tabac et de l'alcool… C'était terrible ! Du coup, j'ai décidé d'arrêter.
— De boire ou de fumer ?
— Non, de lire !

Labyrinthe

Saurez-vous trouver le chemin du sommeil ?

Activité défoulatoire

Réveillez l'artiste qui sommeille en vous en poursuivant cette œuvre !

Humour noir pour nuits blanches

Quel point commun y a-t-il entre les W.-C. et un cimetière ?
Quand il faut y aller, faut y aller !

Sous la couette

Une paysanne se rend au marché pour acheter de la volaille.
— Je voudrais dix coqs et une poule.
— Tous ces coqs pour une seule poule ? Vous allez l'épuiser !
— Mais non... Je n'en suis pas morte, moi !

Au lit les petits !

La maman de Toto se fâche :
— Tu vas arrêter de manger tes ongles ! Tu avales de l'air, tu vas avoir de l'aérophagie et puis un gros ventre !
Comme Toto ne l'écoute toujours pas, elle lui met sur les doigts des dés en caoutchouc.
Quelques jours plus tard, Toto voit une femme enceinte dans le bus. Il s'assied à côté d'elle et, voyant son gros ventre, il lui dit :
— T'as vu ce que ça fait quand on enlève les caoutchoucs !

À méditer avant de s'endormir

Si, en natation synchronisée, une des nageuses se noie, les autres suivent-elles le mouvement ?

Cervelle en sommeil

Un policier interpelle une blonde qui vient de mal garer sa voiture.
— Madame ! Vous êtes garée à cheval sur un emplacement réservé aux deux roues !
— Bah oui ! Je n'ai mis que deux roues !

Une petite avant de s'endormir

Que dit Maître Yoda lorsqu'il aperçoit une dinde noire ?
Toujours du côté obscur de la farce, la dinde est.

Un couple de rêve

Un vieux monsieur se rend chez son médecin.
— Docteur, j'ai un œil rouge qui clignote !
— Le gauche ou le droit ? demande le docteur.
— Le gauche.
— Bien... Vous êtes marié ?
— Oui.
— Vous honorez toujours votre femme ?
— Oui, toutes les semaines !
— Alors ne cherchez plus : vous êtes sur la réserve !

Ils nous endorment...

Pourquoi n'y a-t-il plus de viande en Russie ?
Parce que les moutons travaillent et que les vaches gouvernent.

Comptez les moutons pour vous endormir !

Nombre total de moutons : ....

Lequel de ces moutons bêle ?

Une petite avant de s'endormir

Quel point commun y a-t-il entre un jean sans poche
et une femme sans sein ?
Mais où mettre les mains ?!

Un couple de rêve

Une femme tente d'obtenir de son mari qu'il lui achète une paire de chaussures.
— Si tu m'aimais vraiment, tu m'achèterais ces chaussures !
— Non, mon ange, lui répond son mari.
— Non ? Si je suis ton ange, comme tu dis, pourquoi tu ne m'achètes pas ces chaussures ?
— Parce que, mon ange, les anges ne portent pas de chaussures...

Fatigué

Une femme se rend au commissariat et porte plainte pour viol. L'inspecteur lui demande de décrire son agresseur et la femme lui répond :
— Tout ce que je peux vous dire, c'est qu'il doit être corse !
— Il avait un accent ?
— Non seulement il n'a pas parlé, mais en plus j'ai dû tout faire !

Une mignonne pour faire de beaux rêves

Quelle différence y a-t-il entre un voleur et une montre ?
L'un a sa tactique et l'autre son tic-tac.

Message codé

Selon le principe des lettres de l'alphabet décalées et le code « tu es alité »
(Tu es « A » lis « T »), déchiffrez cette phrase :

« Ex lhffxbe xlm vhffx ng lxvhgw tiitkmxfxgm jnx ghnl tnkbhgl xm hù, wéetblltgm ex gômkx, ghnl lxkbhgl teexl whkfbk. »

Ftkvxe Ikhnlm

Réponse : ....

....

Mot caché

Retrouvez les mots de cette liste pour découvrir le mot caché !

artifice	charme
banque	dentifrice
biche	friser
biser	laque
bouc	marche
boucher	oiseau
braquer	paquebot
brique	premier

b	o	u	c	h	e	r	l	i	b
t	o	b	e	u	q	a	p	t	i
e	e	i	e	h	c	r	a	m	s
u	u	c	u	a	e	s	i	o	e
q	q	h	e	m	r	a	h	c	r
n	a	e	i	r	e	s	i	r	f
a	l	e	b	r	i	q	u	e	e
b	r	a	r	t	i	f	i	c	e
r	i	r	e	u	q	a	r	b	e
e	c	i	r	f	i	t	n	e	d

Coin nuit

Notez ici ce que vous ne souhaitez pas oublier et qui pourrait vous empêcher de dormir : ....

....

....

Quels ont été les bons moments, les choses positives des journées passées ? ....

....

....

Un dernier avant d'aller se coucher

Deux types complètement bourrés sortent d'un bar en titubant. Sur le parking, ils cherchent désespérément leur voiture en tâtant les toits des véhicules...
— C'est pas celle-là !
— C'est pas... *Hic !* celle-là non plus !
Un gars les remarque et leur demande :
— Vous ne trouvez pas votre voiture ?
— Non... *Hic !* j'trouve pas où qu'elle est !
— Mais pourquoi vous tâtez les toits pour la retrouver ?
— Ben... Parce qu'elle a un gyrophare bleu dessus !

Fermons les yeux

Une femme avoue à son sexologue :
— Pour atteindre l'orgasme, j'ai besoin que plusieurs facteurs soient réunis.
— Quels sont ces facteurs qui déterminent votre épanouissement sexuel ? lui demande le sexologue.
— Eh bien, ceux de mon bureau de Poste : Marc, Antoine, Roger, Jean-Paul...

À méditer avant de s'endormir

Pourquoi faire des écrans carrés alors que nos yeux sont ronds ?

Deux doses de rire

Ils nous endorment...

Quelle différence y a-t-il entre Nelson Mandela et un ministre français ?
Nelson Mandela a été en prison avant d'être élu !

Une petite avant de s'endormir

Qu'est-ce qu'un yaourt dans la forêt ?
Un yaourt nature !

Histoire à dormir debout

Une femme cherche l'âme sœur sur Internet. Sur un site de rencontres, elle renseigne son profil et indique qu'elle souhaite rencontrer un homme petit et mignon, qui aime les sports aquatiques, les activités de groupe et s'habiller avec élégance en mettant des costumes. Quelques instants plus tard, elle recevait dans sa boîte mail trente messages... de pingouins !

Prière du soir

Pendant un cours de catéchisme, le prêtre demande aux enfants :
— Savez-vous ce que fait un bon chrétien à son réveil ?
— Oui, mon père, répond un enfant. Il le remonte !

Fatigué

Quel point commun y a-t-il entre les Corses et des citrons sur un arbre ?
Ils ne sont pas pressés.

Dans de beaux draps !

Un gars super dragueur entre dans une pharmacie.
— Je voudrais une boîte de préservatifs, s'il vous plaît. Je sors avec une nana qui ne pense qu'à ça !
Le pharmacien lui donne une boîte et le mec ajoute :
— Donnez-moi donc une autre boîte, sa sœur est super excitante, je suis sûr de me la faire aussi !
Le pharmacien lui donne donc une deuxième boîte de préservatifs et le type ajoute :
— En fait, donnez-moi une troisième boîte. Ce soir, je dîne chez sa mère et c'est une vraie cochonne, ça se voit quand elle me regarde. Je vais me faire les deux sœurs et après, je me tape la mère !
Le pharmacien lui donne une troisième boîte.
Le soir venu, le mec dîne donc avec sa petite amie, sa sœur et ses futurs beaux-parents. Mais lui qui est habituellement beau parleur passe tout le repas la tête plongée dans son assiette sans dire un seul mot. Après avoir mangé, sa copine l'amène à l'écart et lui demande :
— Mais qu'est-ce qui ne va pas ? Tu n'as rien dit de tout le repas !
Et il lui répond :
— Tu ne m'avais pas dit que ton père était pharmacien…

Labyrinthe

Saurez-vous trouver le chemin du sommeil ?

Message codé

Selon le principe des lettres de l'alphabet décalées et le code « tu es alité » (Tu es « A » lis « T »), déchiffrez cette phrase :

« Ex itkxllxnq t uxtnvhni whkfb, xm g't kbxg on wtgl lxl lhgzxl. »

Proverbe russe

Réponse : ....

....

5	+	1	+	5	-	3	=	8
+		-		-		+		+
1	-	4	+	8	-	4	=	1
-		+		+		-		+
3	+	4	+	2	-	6	=	3
+		-		+		-		-
1	+	1	+	4	-	1	=	5
=		=		=		=		=
4	+	0	+	3	-	0	=	7

Kalkultou

Trouvez les chiffres manquants en résolvant toutes les opérations.

Comptez les moutons pour vous endormir !

Nombre total de moutons : ....

Où se cache le chien de berger ?

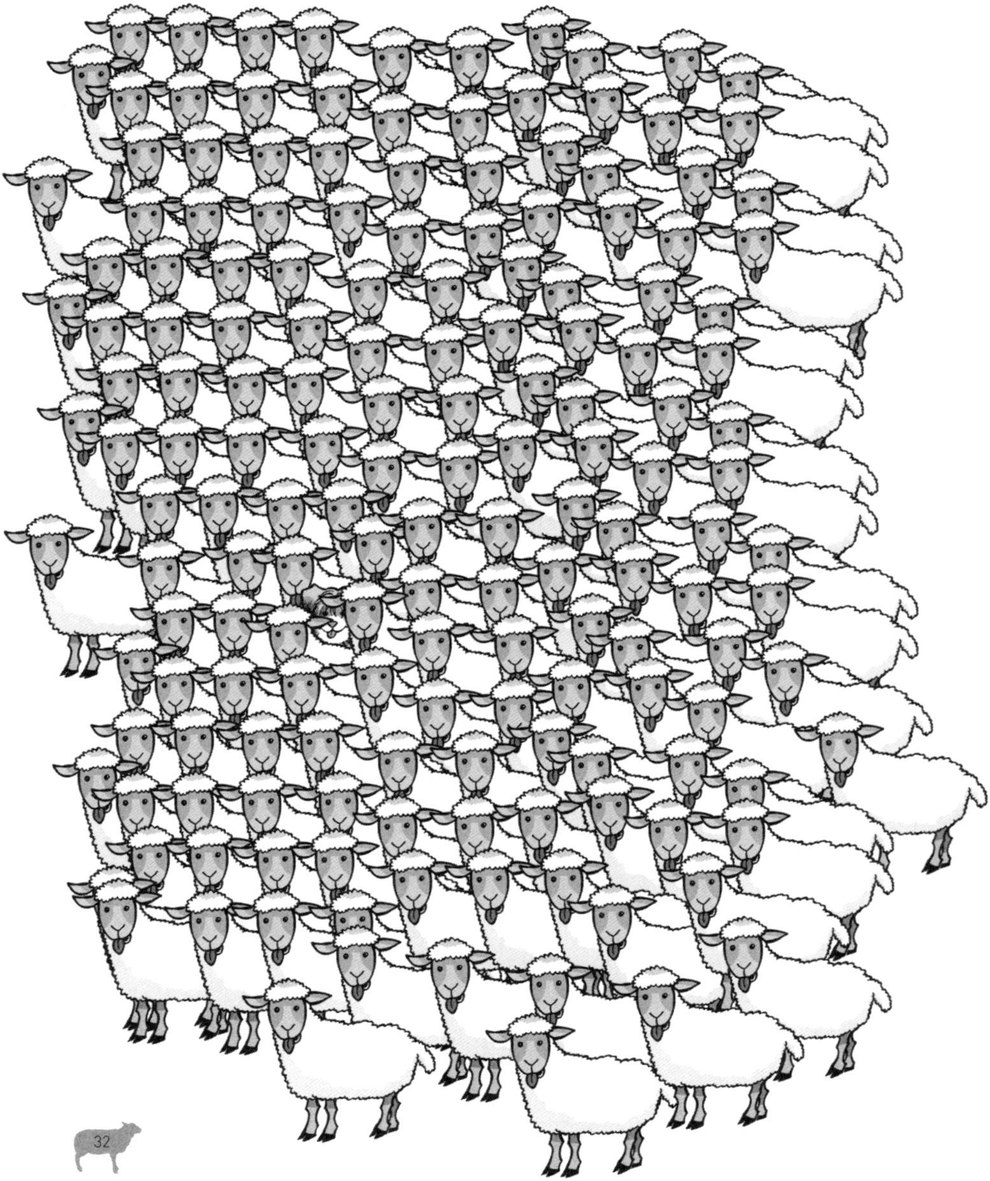

Une mignonne pour faire de beaux rêves

Une maman demande à sa fille qui sort du cabinet du dentiste :
— Alors ? Il te l'a arrachée, cette vilaine dent ?
— Oui, m'man.
— Et elle te fait encore mal ?
— J'sais pas, elle est restée chez le dentiste !

Un couple de rêve

Un curé célèbre le mariage d'un jeune couple :
— Monsieur Tourmalet, acceptez-vous de prendre pour épouse mademoiselle Bontemps ici présente ?
— Non !
Le marié tourne alors les talons et s'enfuit en courant de l'église. L'assistance est stupéfaite. La mariée fond en larmes. Sa mère se lève, gifle le curé et hurle :
— Pourquoi lui avez-vous posé cette question ?! Vous êtes le seul à lui avoir demandé son avis !

Qui dort dîne

Une jeune fille cannibale parle de son petit ami à son père :
— Il est beau, intelligent, travailleur...
— Pourvu qu'il soit tendre... répond le père.

À méditer avant de s'endormir

Deux sourds peuvent-ils bien s'entendre ?

Kalkultou

Trouvez les chiffres manquants
en résolvant toutes les opérations.

1	+		+	3	-		=	0
+		-		-		+		+
	-	6	+		-	5	=	0
-		+		+		-		+
5	+		+	2	-		=	8
+		-		+		-		-
2	+	1	+		-	3	=	4
=		=		=		=		=
1	+	4	+	5	-	2	=	4

Message codé

Selon le principe des lettres de l'alphabet décalées et le code « tu es alité » (Tu es « A » lis « T »), déchiffrez cette phrase :

**« Ienl hg tnkt whkfb,
fhbgl hg tnkt oxvn. »**

Proverbe français

Réponse : ....

....

....

....

....

Boggle

Trouvez le maximum de mots
de 4 lettres et plus !

....

....

....

....

....

Coin nuit

Notez ici ce que vous ne souhaitez pas oublier et qui pourrait vous empêcher de dormir : ....

....

....

....

Quels sont les lieux où vous avez aimé dormir ? ....

....

....

....

À méditer avant de s'endormir

Faut-il se moucher pour voir si on a un vers dans le nez ?

Humour noir pour nuits blanches

Un homme se rend au funérarium pour organiser les obsèques de sa belle-mère. L'employé lui propose un cercueil en chêne pour 3 500 euros.
— Oh, la vache ! C'est beaucoup trop cher pour moi ! s'écrie le gendre.
— Dans ce cas, je peux vous proposer ce modèle en hêtre. Il vous reviendrait à 1 700 euros.
— Non, non... C'est vraiment trop cher !
— Si vous le souhaitez, il nous reste ce modèle de cercueil en sapin pour 550 euros.
— Vous savez, dit le gendre, il faut me comprendre... Il s'agit de ma belle-mère, alors...
— Oui, oui... je comprends. Donnez-moi 20 euros et je lui mettrai quatre poignées.

Un couple de rêve

Un homme demande à sa femme :
— Si mon père ne m'avait pas légué sa fortune, m'aurais-tu quand même épousé ?
— Voyons... Je t'aurais épousé même si c'était quelqu'un d'autre qui te l'avait léguée !

Le bâillement est communicatif... Combien de temps y résisterez-vous en complétant le tableau de conjugaison ci-dessous avec le verbe « bâiller » ?

Indicatif présent
je ....
tu ....
il/elle ....
nous ....
vous ....
ils/elles ....

Indicatif passé composé
j'..............................
tu ....
il/elle ....
nous ....
vous ....
ils/elles ....

Indicatif imparfait
je ....
tu ....
il/elle ....
nous ....
vous ....
ils/elles ....

Indicatif plus-que-parfait
j'..............................
tu ....
il/elle ....
nous ....
vous ....
ils/elles ....

Indicatif passé simple
je ....
tu ....
il/elle ....
nous ....
vous ....
ils/elles ....

Indicatif passé antérieur
j'..............................
tu ....
il/elle..............................
nous ....
vous ....
ils/elles ....

Indicatif futur simple
je ....
tu ....
il/elle ....
nous ....
vous ....
ils/elles ....

Indicatif futur antérieur
j'..............................
tu ....
il/elle ....
nous ....
vous ....
ils/elles ....

Subjonctif présent
je ....
tu ....
il/elle ....
nous ....
vous ....
ils/elles ....

Subjonctif imparfait
je ....
tu ....
il/elle ....
nous ....
vous ....
ils/elles ....

Subjonctif passé
j'...............................
tu ....
il/elle ....
nous ....
vous ....
ils/elles ....

Subjonctif plus-que-parfait
j'...............................
tu ....
il/elle ....
nous ....
vous ....
ils/elles ....

Conditionnel présent
je ....
tu ....
il/elle ....
nous ....
vous ....
ils/elles ....

Conditionnel passé 1re forme
j' ....
tu ....
il/elle ....
nous ....
vous ....
ils/elles ....

Conditionnel passé 2e forme
j' ....
tu ....
il/elle ....
nous ....
vous ....
ils/elles ....

Impératif présent
....
....
....

Impératif passé
....
....
....

Infinitif présent
....

Infinitif passé
....

Participe présent
....

Participe passé
....
....

Labyrinthe

Saurez-vous trouver le chemin du sommeil ?

Boggle

Trouvez le maximum de mots
de 4 lettres et plus !

Activité défoulatoire

Dans cet espace, dessinez le plan
de votre chambre !

Un couple de rêve

Une femme est en pleurs et son mari la questionne :
— Qu'as-tu, ma chérie ? Tu as de la peine ?
— Oui… Snif !
— Qu'y a-t-il ? Dis-moi !
— La voisine… Eh bien, son mari, lui, il lui a acheté une nouvelle robe ! Et puis une belle bague ! Et aussi, il lui a acheté les chaussures que je regardais en vitrine ! Et puis…
— Arrête ! Ne dis pas de sottises. Regarde plutôt ce que tu as. Toi, tu as trois beaux enfants !
— Oui, ben… Si j'avais dû compter sur toi !

Une mignonne pour faire de beaux rêves

Deux anges se percutent en plein vol. Qu'obtient-on ?
Quelques ailes froissées…

Fermons les yeux

Un médecin téléphone à un de ses patients :
— Voilà… Vous êtes venu me consulter il y a quinze jours et le chèque que vous m'aviez fait m'est revenu.
Et le patient lui répond :
— Mon angine aussi, docteur.

À méditer avant de s'endormir

Que font les sourds-muets pour se dire des secrets ?
Ils mettent des moufles ?

Une petite avant de s'endormir

Pourquoi les oiseaux volent-ils vers le sud l'hiver ?
Parce que c'est plus facile que d'y aller à pied !

Au lit les petits !

Une maman rouspète :
— Maintenant, arrête de chantonner cet air, je vais l'avoir dans la tête et je ne vais plus pouvoir m'en débarrasser !
— Mais maman, ça fait longtemps que je ne chante plus !

Cervelle en sommeil

Une blonde se rend chez son médecin.
— Docteur, ça ne va pas du tout !
— Qu'avez-vous ?
— Je n'ose plus m'asseoir !
— Ah... Et pourquoi ?
— La semaine dernière, quand je suis venue vous voir, vous m'avez dit que je n'avais rien, mais qu'il était possible que je couve quelque chose...

Ils nous endorment...

Pourquoi Donald Trump et Vladimir Poutine ne jouent-ils pas aux quilles ?
Parce qu'ils ont perdu la boule !

Comptez les moutons pour vous endormir !

Nombre total de moutons : ....

Un mouton ne peut pas vous voir... Lequel ?

Humour noir pour nuits blanches

— Tu crois à la vie après la mort ? demande un gars à son collègue de bureau.
— Non, pas trop... Pourquoi, tu y crois, toi ?
— Ben... Avant, non. Mais depuis que ma belle-mère est morte, je revis !

Chuuuuut !

Un couple de personne âgées se rend à la messe. Soudain, la mamie est très gênée et glisse à l'oreille de son mari :
— Très discrètement, j'ai laissé échapper un pet, mais ça sent mauvais. Qu'est-ce que je dois faire ?
Et le mari lui répond haut et fort :
— Pour le moment, y a rien à faire ! Mais dès qu'on rentre, on change la pile de ton appareil auditif !

Au lit les petits !

À l'approche de la fête des pères, le papa de Toto lui dit :
— Le plus beau cadeau que tu pourrais me faire, c'est d'être le premier de la classe !
— Trop tard ! lui dit Toto. Je t'ai déjà acheté une cravate !

À méditer avant de s'endormir

Existe-il un langage des pieds pour les muets manchots ?

Mot caché

Retrouvez les mots de cette liste pour découvrir le mot caché !

- abuser
- amour
- blanc-bleu
- boulet
- crise
- force
- habit
- hautain
- histoire
- huissier
- magique
- moutarde
- parade
- risque
- ronce

Livrée

h	h	e	u	q	s	i	r	r	e
u	i	h	a	u	t	a	i	n	t
i	s	m	o	u	t	a	r	d	e
s	t	e	b	f	c	e	v	e	l
s	o	c	l	o	r	u	r	r	u
i	i	n	a	r	i	q	e	u	o
e	r	o	n	c	s	i	s	o	b
r	e	r	c	e	e	g	u	m	l
e	d	a	r	a	p	a	b	a	e
t	i	b	a	h	i	m	a	l	u

Kalkultou

Trouvez les chiffres manquants en résolvant toutes les opérations.

7	+	1	-	4	+	2	=	6
-		+		+		-		-
3	+		-	8	+		=	3
+		-		-		+		+
1	-	4	+	2	+	5	=	4
+		+		-		+		+
2	-		+	7	-		=	0
=		=		=		=		=
7	+	5	-	3	-	2	=	7

Coin nuit

Notez ici ce que vous ne souhaitez pas oublier et qui pourrait vous empêcher de dormir : ....

....

....

....

Vos bonnes résolutions pour les jours à venir : ....

....

....

....

Un couple de rêve

Deux filles discutent. L'une se confie à sa copine :
— J'suis trop amoureuse ! Je le kiffe grave !
— Raconte !
— J'l'aime trop fort !
— Qui c'est ?
— Kévin.
— Kévin... Quel Kévin ?
— Il est raide dingue de moi ! Quand il m'embrasse, il me dit : « Tu es ma première petite amie et je n'aimerai que toi... »
— Ah oui ! Ce Kévin-là !

À méditer avant de s'endormir

Un manchot peut-il avoir la main sur le cœur ?

Une petite avant de s'endormir

Qu'est-ce qu'un héritage ?
Un super gâteau qu'on vous offre alors que vous n'avez plus de dents pour le manger.

Cervelle en sommeil

En pleine campagne, des promeneurs remarquent une blonde, debout dans un champ, les jambes enterrées jusqu'aux genoux. Les promeneurs accourent vers elle et lui demandent :
— Que faites-vous ainsi à moitié enterrée ? Vous avez besoin d'aide ?
— Non, non ! On m'a dit qu'il fallait que je me cultive un peu !

Dans tes rêves !

Lors d'une soirée, un type demande à un autre :
— Vous aimez les femmes qui ne savent pas cuisiner ?
— Non, pas trop…
— Et celles qui sont connes ?
— Non, pas vraiment.
— Et celles qui dépensent tout votre argent ?
— Non, pas du tout !
— Je suppose que vous n'aimez pas non plus celles qui font mal l'amour ?
— Ah non ! J'essaye de les éviter !
— Alors arrêtez de draguer ma femme !!

Une petite avant de s'endormir

Quel point commun y a-t-il entre un policier et un escargot ?
C'est à la bavure qu'on voit par où ils sont passés.

Un dernier avant d'aller se coucher

Dans un bar, le barman demande à celui qui est devenu son plus fidèle client :
— Vous venez vous saouler tous les soirs depuis maintenant plus de six mois. Pourquoi buvez-vous ainsi ?
— Ma femme m'a quitté…
— Ah… Vous ne parvenez pas à vous en remettre, alors vous buvez pour oublier.
— Non ! répond l'ivrogne. Je fête ça tous les soirs !

Prière du soir

Saint Pierre, tout affolé, court porter une terrible nouvelle à Dieu :
— Dieu ! Oh mon Dieu ! Ça y est, ils ont trouvé le code du génome humain !
— Ah ! hurle Dieu. Satanés hackers ! Je vais devoir changer le mot de passe !

Histoire à dormir debout

Un type croise un copain et lui lance :
— Tu ne devineras jamais !
— Quoi ?
— C'est bien ce que je disais, tu ne devineras jamais...

Fatigué

Le bar est vide et le cafetier corse dit à sa femme :
— Je monte faire la sieste.
— Pourquoi ?
— Je ne peux pas rester sans rien faire.

Alité

Dans un hôpital, un patient commence à s'agiter et à paniquer au moment de passer sur le billard :
— Laissez-moi ! Laissez-moi ! J'ai trop peur !
— De quoi avez-vous peur ? lui demande le chirurgien.
— Je ne sais pas, c'est ma première opération...
— Et alors ? Moi aussi, c'est ma première opération !

Labyrinthe

Saurez-vous trouver le chemin du sommeil ?

Sudoku

Complétez la grille de manière à ce que chaque ligne, chaque colonne et chaque carré de 3 × 3 contienne une seule fois les chiffres de 1 à 9.

9	3	7	1	4	5	2	6	8
1	5	6	2	3	8	7	9	4
4	2	8	7	9	6	3	5	1
7	9	3	5	2	1	8	4	6
2	8	5	6	7	4	9	1	3
6	4	1	9	8	3	5	2	7
8	1	2	3	6	9	4	7	5
5	7	4	8	1	2	6	3	9
3	6	9	4	5	7	1	8	2

Message codé

Selon le principe des lettres de l'alphabet décalées et le code « tu es alité » (Tu es « A » lis « T »), déchiffrez cette phrase :

« Ex oktb itkxllxnq lxktbm ixnm-xmkx vxenb jnb tnktbm uxlhbg w'ng tnmkx ihnk whkfbk à lt ietvx. »

Ctvjnxl lmxkguxkz

Réponse : ....

....

....

....

....

....

Comptez les moutons pour vous endormir !

Nombre total de moutons : ....

De quel mouton ne voit-on pas la queue ?

Chuuuuut !

Après une soirée très arrosée et les bars étant fermés, un type propose à son copain de venir terminer la soirée chez lui. Lorsque le type arrive à son domicile, il ouvre doucement la porte pour ne pas réveiller sa femme. Les deux amis se dirigent ensuite immédiatement vers le frigo pour prendre une bière. Le copain demande alors à son hôte de lui indiquer les toilettes. Lorsqu'il en revient, il lui annonce :
— Hé ! T'es cocu ! J'me suis trompé, j'suis rentré dans ta chambre et y a ta femme qu'est en train de coucher avec un gars !
Le mari met alors son index sur sa bouche et dit :
— Chuuuuut ! Il n'y a que deux bières !

Un couple de rêve

Un professeur convoque la mère d'un élève.
— Madame, votre fils ne pense qu'aux filles !
— Je sais, répond la mère. Si vous trouvez une solution, dites-le-moi, j'ai le même souci avec son père...

À méditer avant de s'endormir

Si un borgne consomme à l'œil, devient-il aveugle ?

Sudoku

Complétez la grille de manière à ce que chaque ligne, chaque colonne et chaque carré de 3 × 3 contienne une seule fois les chiffres de 1 à 9.

4	1	9	7	2	8	5	3	6
5	8	2	1	6	3	4	7	9
6	3	7	9	4	5	8	2	1
8	2	4	5	3	6	1	9	7
3	7	1	8	9	4	6	5	2
9	5	6	2	1	7	3	4	8
7	6	5	3	8	9	2	1	4
1	9	8	4	5	2	7	6	3
2	4	3	6	7	1	9		5

Kalkultou

Trouvez les chiffres manquants en résolvant toutes les opérations.

0	-		+	6	-	4	=	0
+	■	-	■	-	■	+	■	+
	-	7	+		-	1	=	8
-	■	+	■	+	■	-	■	-
5	-		+	4	+		=	1
-	■	-	■	+	■	-	■	-
	+	0	-		+	5	=	3
=	■	=	■	=	■	=	■	=
1	-	3	+	6	+	0	=	4

Boggle

Trouvez le maximum de mots de 4 lettres et plus !

....

....

....

....

....

Coin nuit

Notez ici ce que vous ne souhaitez pas oublier et qui pourrait vous empêcher de dormir : ....

....

....

....

Ce qui vous a énervé ces derniers jours : ....

....

....

....

À méditer avant de s'endormir

Pourquoi mettre des gilets de sauvetage dans un avion et pas des parachutes ?

Sous la couette

Un homme se plaint d'une très grande fatigue auprès de son médecin.
— Avez-vous une vie sexuelle importante ? lui demande le docteur.
— Ben... Je fais l'amour tous les jours de la semaine, parfois plusieurs fois par jour.
— C'est trop ! dit le docteur. Pour commencer, je vous propose de ne pas faire l'amour le dimanche.
— Impossible ! répond le patient. C'est le seul jour de la semaine où je suis chez moi !

Une petite avant de s'endormir

Quel point commun y a-t-il entre une enveloppe et un fou ?
Ils sont timbrés !

Une mignonne pour faire de beaux rêves

Que dit une bouteille quand elle arrive en retard ?
Excusez-moi, il y avait des bouchons...

Au lit les petits !

Un enfant gribouille sur une feuille.
— Que fais-tu ? lui demande sa maman.
— J'écris une lettre à ma sœur !
— Mais tu n'as que quatre ans et tu ne sais pas encore écrire.
— Et alors ? Ma sœur n'a qu'un an et elle ne sait pas encore lire !

Fermons les yeux

Un serviteur ouvre sans frapper la porte de la salle de bains de la maîtresse de maison.
— Madame souhaite-t-elle prendre un thé ?
— Oui, volontiers. Mais dites-moi, Hector...
— Oui, madame ?
— Je dois vous féliciter ! Cela doit maintenant faire dix ans que vous êtes à mon service et que vous entrez dans ma salle de bain sans frapper, et pas une seule fois vous ne m'avez surprise nue ! Quel est votre secret, Hector ?
— Je regarde par le trou de la serrure, madame.

Qui dort dîne

Un couple de cannibales discute pendant le repas :
— Il faut que je t'avoue quelque chose : je n'aime pas ta mère...
— Alors je peux bien te l'avouer aussi : moi non plus, je n'aime pas ma mère... Ne mangeons que les frites !

À méditer avant de s'endormir

Quand mon chien m'apporte mes pantoufles, pense-t-il que je sens mauvais des pieds ?

Un couple de rêve

Un type ne sait pas quoi offrir à sa femme pour la Saint-Valentin. Un copain lui donne une idée :
— Tu n'as qu'à écrire sur un papier que tu glisses dans une enveloppe : « Bon pour une nuit d'amour torride ! Où et comme il te plaira… »
— Génial !
Quelques jours plus tard, les deux copains se retrouvent.
— Alors, cette Saint-Valentin ? Tu as fait comme je t'ai dit ?
— Oui…
— Et elle a aimé ?
— Elle a adoré ! Je lui offert le bon, elle m'a embrassé et elle est sortie en courant et en criant : « À demain ! »

Une mignonne pour faire de beaux rêves

Que fait un canard lorsqu'il a le rhume des foins ?
Foin-foin !

Une petite avant de s'endormir

Quel est le comble pour une opticienne ?
C'est de mettre au monde des jumelles.

Activité défoulatoire

Reproduisez ce dessin géométrique sur toute la grille !

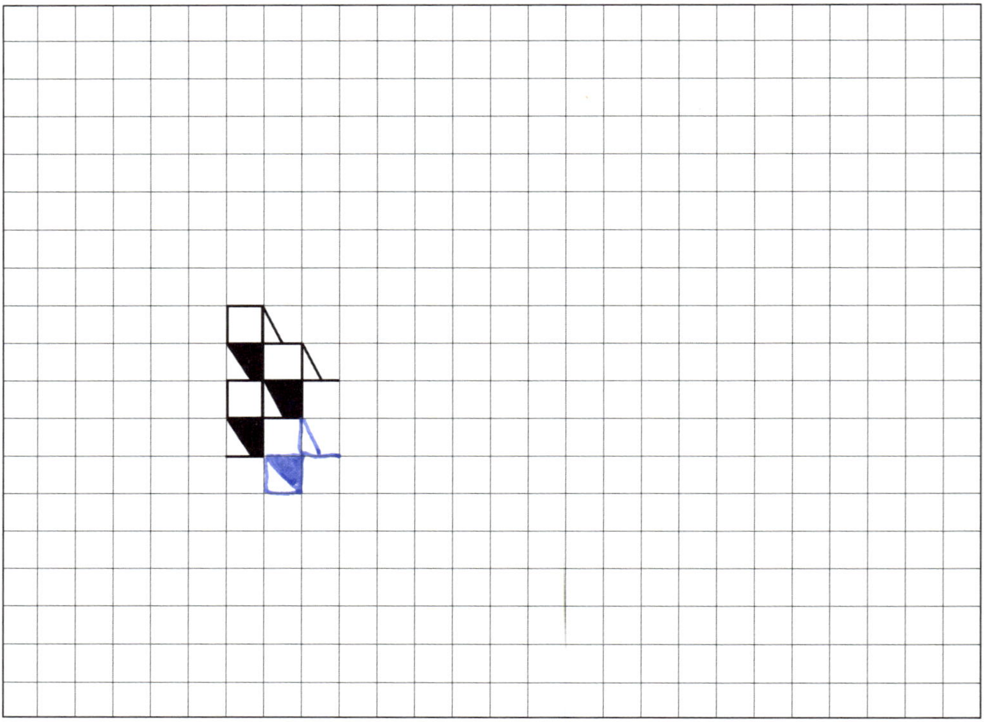

Message codé

Selon le principe des lettres de l'alphabet décalées et le code « tu es alité » (Tu es « A » lis « T »), déchiffrez cette phrase :

« Yxkfxk exl rxnq g'xlm itl mhnchnkl whkfbk. »

Proverbe allemand

Réponse : ....

....

....

À méditer avant de s'endormir

Un cul-de-jatte peut-il être con comme ses pieds ?

Un dernier avant d'aller se coucher

Un type encourage un collègue de bureau à s'inscrire à la chorale.
— Franchement, ça ne m'intéresse pas. En plus, je chante faux. Je serais une très mauvaise recrue.
— C'est pas grave, de chanter faux ! Le plus important, c'est l'ambiance. On s'amuse, on joue aux cartes, on mange et surtout… on boit des petits coups !
— Mais alors, quand est-ce que vous chantez ?
— Ben… Quand on rentre à la maison !

Un couple de rêve

Un millionnaire de soixante-cinq ans vient d'épouser une jeune fille de vingt ans. Un ami lui demande :
— Comment as-tu fait pour la séduire ?
Et le millionnaire lui répond :
— Je lui ai dit que j'avais quatre-vingt-cinq ans…

Une petit avant de s'endormir

Où trouve-t-on le plus de chaussettes pour hommes ?
Sur la moquette de la chambre.

Chuuuuut !

Une grosse dame se rend chez son médecin.
— Combien mesurez-vous, madame ?
— 1 m 65 !
— Vous devriez donc peser environ 55 kg. Il faut enlever environ dix par rapport à votre taille. Montez sur la balance !
La grosse dame se pèse et le médecin lui demande :
— Alors ?
— Ben... Faut encore que je grandisse, il me manque 30 cm !

Histoire à dormir debout

Un docteur dit à son patient :
— Vous n'avez rien. Je vous conseille d'utiliser la méthode Coué et de vous répéter « je ne suis pas malade, je ne suis pas malade, je ne suis pas malade... » une trentaine de fois, matin, midi et soir. Vous comprenez ?
— Parfaitement ! répond le patient. Et après mon départ, vous répéterez une trentaine de fois par jour, matin, midi et soir « j'ai été payé, j'ai été payé, j'ai été payé... » !

Une mignonne pour faire de beaux rêves

Qu'est-ce qu'un mariage en grande pompe ?
Un mariage de clowns !

Comptez les moutons pour vous endormir !

Nombre total de moutons : ....

Un mouton ne tire pas la langue... Lequel ?

Une petite avant de s'endormir

Que dit Dracula avant de sortir ?
J'irais bien boire un cou !

Dans tes rêves

Un couple d'un certain âge monte dans un ascenseur où se trouve déjà une jolie jeune femme. Alors qu'il y a suffisamment de place, l'homme se positionne tout près de la jeune femme, ce qui déplaît fortement à son épouse. Arrivée au cinquième étage, la jeune femme flanque une gifle magistrale au monsieur !
— Voilà ce qui arrive quand on me met la main aux fesses !
La jeune femme, furieuse, profite de l'ouverture des portes pour sortir de l'ascenseur. Le couple se retrouve seul à l'intérieur.
— Je te jure que je ne lui ai pas mis la main aux fesses ! dit l'homme à sa femme.
— Je sais, je sais, répond sa femme. Mais moi, oui !

Ils nous endorment...

Quelle différence y a-t-il entre une carpe et un ministre ?
La carpe est muette même lorsqu'elle a quelque chose à dire, alors que le ministre parle même quand il n'a rien à dire !

Une mignonne pour faire de beaux rêves

Comment appelle-t-on le chien d'un médecin ?
Le dogteur.

Mot caché

Retrouvez les mots de cette liste pour découvrir le mot caché !

~~athlete~~	~~pleure~~
~~boulot~~	~~quatre~~
~~garde~~	rance
~~glander~~	~~regard~~
~~goulot~~	~~sanglot~~
heure	~~stupide~~
~~langue~~	~~theatre~~
~~peur~~	~~vacances~~

couverture

a	c	o	u	e	u	g	n	a	l
d	t	s	t	u	p	i	d	e	v
e	r	h	b	o	u	l	o	t	r
r	u	a	l	e	r	u	e	h	e
u	e	e	g	e	c	r	d	e	d
e	p	t	u	e	t	n	r	a	n
l	q	u	a	t	r	e	a	t	a
p	g	o	u	l	o	t	g	r	l
s	e	c	n	a	c	a	v	e	g
r	t	o	l	g	n	a	s	e	r

Kalkultou

Trouvez les chiffres manquants en résolvant toutes les opérations.

2	+		-	2	-		=	0
+		-		-		+		+
	-	5	+		-	1	=	3
-		+		+		-		+
6	+		+	1	-		=	9
+		-		+		-		-
1	+	3	+		-	3	=	9
=		=		=		=		=
0	-	1	+	5	-	1	=	3

Coin nuit

Notez ici ce que vous ne souhaitez pas oublier et qui pourrait vous empêcher de dormir : ……

Chassez vos idées noires : ……

Qui dort dîne

Dans un restaurant tenu par une blonde, un client passe sa commande :
— J'aimerais un demi-poulet avec des frites, s'il vous plaît.
Trois quart d'heure plus tard, la blonde arrive avec deux demi-poulets et des frites...
— Mais j'avais demandé un demi-poulet, pas deux !
— Je sais, monsieur, reconnait la blonde. Mais je vous offre cette autre moitié, elle n'a pas survécu...

Une petite avant de s'endormir

Que demande-t-on avant d'aller dans un grand restaurant ?
Le portable, on le pose à gauche ou à droite de l'assiette ?

Un couple de rêve

Un couple s'apprête à sortir au cinéma et confie leur enfant à une étudiante qui vient de temps en temps le garder à domicile. La maman fait les dernières recommandations à son petit garçon :
— Surtout, avant de te coucher, tu n'oublieras pas d'embrasser Morgane, d'accord ?
Et le petit lui répond :
— Elle va pas me mettre une gifle, comme à papa ?

Sous la couette

Deux amis boivent un pot à la terrasse du café du village. Soudain la sirène retentit, un accident s'est produit et les pompiers volontaires sont appelés sur les lieux. L'un des deux copains se lève d'un bond en disant :
— Bon, désolé, il faut que j'y aille !
— Mais tu n'es pas pompier volontaire, toi ? s'étonne son ami.
— Moi, non. Mais les maris de Sandrine et de Sophie, oui !

Non mais je rêve !

Un papa accompagne son petit garçon à l'école. Ils prennent le bus et s'asseyent l'un à côté de l'autre. Trois arrêts plus loin, alors que le bus est bondé, une jolie jeune fille monte. Le papa dit à son petit garçon :
— Je vais t'apprendre ce qu'est la galanterie : lève-toi et laisse ta place à la demoiselle !

Une petite avant de s'endormir

À Pâques, une poule en chocolat à qui on a croqué le derrière s'adresse à un lapin en chocolat à qui on a mangé les oreilles :
— J'ai mal au cul !
— Quoi ?

Trois doses de rire

Sous la couette

Une femme interroge discrètement sa voisine :
— Étiez-vous malade, hier ?
— Non, pourquoi ?
— Parce que j'ai vu un docteur sortir de chez vous...
La voisine réplique :
— Dites-moi, est-ce que je vous ai demandé si c'était la guerre dans votre appartement ? Parce ce que j'ai vu sortir un militaire de chez vous...

À méditer avant de s'endormir

Si l'on se perd dans le désert, peut-on attendre sans bouger jusqu'à ce que de la mousse nous pousse sur les jambes pour savoir où se trouve le nord ?

Alité

Un patient, qui doit se faire opérer, est extrêmement inquiet. Il interroge le chirurgien :
— Est-ce vrai que cette opération ne réussit qu'une fois sur cent ?
— Oui, répond le chirurgien. Mais vous n'avez pas à vous inquiéter, les quatre-vingt-dix-neuf autres patients que j'ai opérés avant vous sont morts !

Labyrinthe

Saurez-vous trouver le chemin du sommeil ?

Message codé

Selon le principe des lettres de l'alphabet décalées et le code « tu es alité » (Tu es « A » lis « T »), déchiffrez cette phrase :

« Jnb oxbeex wx gnbm whkm ex chnk. »

Proverbe grec

Réponse : ....

....

Boggle

Trouvez le maximum de mots de 4 lettres et plus !

....

....

....

....

....

Kalkultou

Trouvez les chiffres manquants en résolvant toutes les opérations.

8	+	2	-		+	1	=	6
-		+		+		-		-
6	+		-	9	+		=	3
+		-		-		+		+
	-	7	+		+	3	=	2
+		+		-		+		+
1	-		+	9	-		=	0
=		=		=		=		=
5	+	6	-	1	-	5	=	5

Comptez les moutons pour vous endormir !

Nombre total de moutons : ....

Le berger se cache parmi son troupeau...

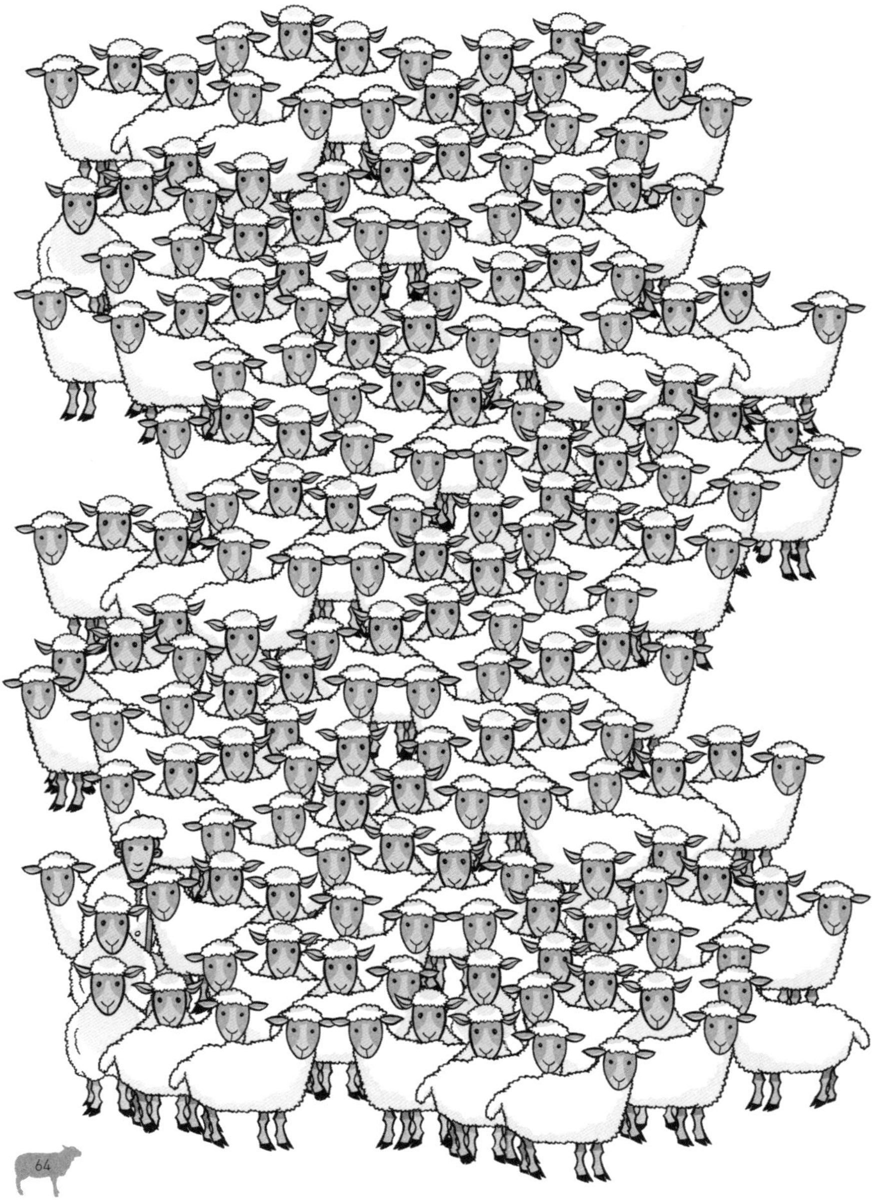

Fermons les yeux

Un curé, un docteur et un ingénieur disputent une partie de golf. Ils sont retardés dans leur progression par un groupe de golfeurs particulièrement lents et maladroits. L'ingénieur les interpelle :
— Pourquoi êtes-vous si lents ?
L'un des golfeurs lui répond :
— Nous sommes tous non-voyants. Nous sommes d'anciens pompiers ayant perdu la vue lors d'interventions...
Le curé dit alors :
— Je compatis. Je ferai une prière pour vos âmes charitables. Je suis persuadé que vous verrez un jour les lumières du Paradis.
Le médecin enchaîne :
— Je vais vous conseiller un collègue ophtalmologiste, il fait des miracles !
Et l'ingénieur leur demande :
— Et pourquoi vous ne jouez pas la nuit ?

Une petite avant de s'endormir

Quel point commun y a-t-il entre un imbécile heureux et un pauvre imbécile ?
Le premier a laissé sa femme partir avec le second !

Activité défoulatoire

Peur de passer une nuit blanche ? Alors noircissez cet espace comme vous voulez. Défoulez-vous !

Boggle

Trouvez le maximum de mots de 4 lettres et plus !

....

....

....

....

....

Coin nuit

Notez ici ce que vous ne souhaitez pas oublier et qui pourrait vous empêcher de dormir : ....

....

....

Quels sont les rêves que vous aimeriez faire ? ....

....

....

Prière du soir

Une personne en fauteuil roulant se rend à Lourdes. Elle prie pour un miracle. La Sainte Vierge entend sa prière : « Marie, faites quelque chose pour moi… Faites que je puisse me déplacer comme avant ! »
Et *plof* ! D'un seul coup, elle se retrouve avec des pneus neufs !

Humour noir pour nuits blanches

Un homme téléphone au vétérinaire et lui annonce :
— Je vous envoie ma belle-mère. Elle va venir vous voir avec mon chien. S'il vous plaît, administrez-lui un poison rapide et sans douleur !
— Bien sûr, monsieur ! Votre chien saura-t-il retrouver le chemin de la maison tout seul ?

Un couple de rêve

Un homme rentre chez lui à l'improviste et découvre sa femme au lit avec un homme.
— Qui… Qui c'est ?! hurle mari.
— C'est le garagiste, répond sa femme. Il a ramené la voiture, j'en profite pour lui faire réviser le sommier…

Une petite avant de s'endormir

Un type se vante :
— Moi, les femmes, elles m'ont toujours réussi !
Et un copain lui répond :
— Sauf ta mère !

Qui dort dîne

Un homme demande au restaurateur de bien vouloir lui apporter l'addition. À la lecture de cette dernière, le client a la désagréable surprise de constater qu'une simple omelette lui a été facturée quarante euros.
— S'il vous plaît ! lance-t-il au restaurateur. Les œufs sont-ils si rares, ici, pour que vous facturiez une omelette quarante euros ?!
— Les œufs, non ! Mais les clients, oui !

Cervelle en sommeil

Une brune et une blonde font des projets de vacances :
— Et si nous allions à Saint-Jean-de-Luz ? demande la brune.
— Oui, d'accord ! lui répond sa copine blonde.
— Et si on prenait le train ?
— Ben… Qu'est-ce qu'on va en faire ?

Trois doses de rire

Histoire à dormir debout

Une femme se rend à la caisse d'allocations familiales.
La fonctionnaire lui annonce :
— Nous avons quelques soucis avec votre dossier... Quels sont les prénoms de vos huit enfants ?
— Kévin, Kévin, Kévin, Kévin, Kévin, Kévin, Kévin et Kévin.
— Ne me dites pas que vous les avez tous prénommés Kévin ?
— Si !
— Mais comment faites-vous pour les appeler ?
— Ben... Je crie « Kévin, à table ! » et ils viennent tous !
— Oui, mais si vous voulez en appeler un en particulier... Comment faites-vous ?
— Ah ! Ben... Dans ce cas, je l'appelle par son nom de famille !

Un couple de rêve

Une assistante de direction arrive au travail avec un œil au beurre noir.
— Que t'est-il arrivé ? lui demande sa collègue.
— C'est la femme du patron...
— La femme du patron ! Mais je croyais qu'elle était en voyage ?
— Nous aussi, on croyait...

Une petite avant de s'endormir

Quel est le comble pour un borgne ?
C'est de ne pas pouvoir fermer l'œil de la nuit.

Mot caché

Retrouvez les mots de cette liste pour découvrir le mot caché !

- bateaux
- cartes
- colles
- comptoir
- ecoles
- farceur
- fardeaux
- jambon
- marin
- marteau
- rater
- recaler
- reins
- sauveur
- serveur
- tartes

r	e	i	n	s	e	l	l	o	c
m	o	r	i	o	t	p	m	o	c
a	n	i	r	a	m	x	r	r	a
r	s	a	u	v	e	u	r	u	r
t	e	n	o	b	m	a	j	e	t
e	r	e	l	a	c	e	r	v	e
a	s	e	t	r	a	t	e	r	s
u	r	u	e	c	r	a	f	e	i
s	e	l	o	c	e	b	l	s	l
e	r	f	a	r	d	e	a	u	x

Boggle

Trouvez le maximum de mots de 4 lettres et plus !

Sudoku

Complétez la grille de manière à ce que chaque ligne, chaque colonne et chaque carré de 3 × 3 contienne une seule fois les chiffres de 1 à 9.

3			8		9		6	7
	6	1	7		3	9		
		9	4	2	6	1	3	
	8	7	9		5	6		4
6		5		4	8	3	7	
		4					9	
	1	8	6	9				3
	4		3	8				
		3		7	1	8		

Une mignonne pour faire de beaux rêves

Deux chats discutent :
— C'est quoi ton peintre préféré ?
— Moi, c'est Toulouse-Lautrec. Et toi ?
— Moi, c'est Walt Disney.
— Mais ce n'est pas un peintre !
— Oui, mais il dessine super bien les souris...

Non mais je rêve !

Un contrôleur des impôts s'étonne de recevoir la première déclaration de revenus d'une personne âgée de cinquante-neuf ans. Il la contacte :
— C'est étonnant, il semble que ce soit la première fois que vous faites une déclaration de revenus. Je n'ai trouvé aucun antécédent de déclaration dans nos fichiers ! Comment cela se fait-il ?
Et le contribuable lui répond :
— C'est parce que cette année, je n'ai pas gagné assez pour être imposable !

Une petite avant de s'endormir

Que crie une bière alsacienne qui tombe à l'eau ?
Je sais panaché !

Un dernier avant d'aller se coucher

Un gendarme interpelle un automobiliste qui n'a pas respecté le feu tricolore.
— Et alors ? Que faites-vous du rouge, monsieur ?
— Ben... Je le bois !

Au lit les petits !

La maîtresse distribue une feuille blanche à chacun de ses élèves en leur demandant de dessiner ce qu'ils aimeraient faire lorsqu'ils seront grands. Un peu plus tard, la maîtresse ramasse les dessins et remarque que beaucoup de garçons ont dessiné un camion de pompier ou une voiture de police, et que beaucoup de filles ont représenté une maîtresse d'école ou quelqu'un qui soigne les animaux... Pourtant, la petite Julie a rendu une feuille blanche.
— Pourquoi n'as-tu rien dessiné, Julie ? lui demande la maîtresse. Tu ne veux rien faire plus tard ?
— Si...
— Alors, dis-moi, qu'est-ce que tu veux faire quand tu seras grande ?
— Je veux me marier et avoir beaucoup d'enfants !
— Et ?
— Et quoi ? Vous voulez peut-être que je vous fasse un dessin ?

Comptez les moutons pour vous endormir !

Nombre total de moutons : ....

Y a-t-il plus de moutons blancs ou de moutons noirs ?

Dans tes rêves

Un couple se promène dans la rue. La femme en profite pour faire du lèche-vitrines. Elle s'arrête devant un magasin de chaussures et reste en admiration devant une paire en solde.
— Elles te plaisent, ces chaussures ? lui demande son mari.
— Oh, là, là, oui ! Qu'elles sont belles !
— Alors, c'est d'accord.
— D'accord ? s'étonne la femme.
— Oui, c'est d'accord, nous reviendrons les regarder demain !

Un couple de rêve

Une femme rentre du travail plus tôt que prévu et surprend son mari en tenue d'Adam.
— Que fais-tu tout nu dans la maison ? lui demande-t-elle.
Gêné, le mari balbutie quelques mots :
— Ben... Heu... Rien... Une douche... Je...
La femme découvre alors un stick de rouge à lèvres sur la table de chevet.
— Et ça ? D'où vient ce rouge à lèvres ?
Une blonde entrouvre alors la penderie dans laquelle elle se cachait et souffle :
— De chez Christian Dior.

Une petite avant de s'endormir

Quel est le comble pour un charcutier ?
C'est d'épouser un boudin.

Labyrinthe

Saurez-vous trouver le chemin du sommeil ?

Kalkultou

Trouvez les chiffres manquants
en résolvant toutes les opérations.

8	-		+	2	-	1	=	7
+		-		-		+		+
	-	2	+		-	4	=	5
-		+		+		-		-
2	-		+	4	+		=	3
-		-		+		-		-
	+	2	-		+	1	=	6
=		=		=		=		=
5	-	4	+	1	+	1	=	3

Coin nuit

Notez ici ce que vous
ne souhaitez pas oublier
et qui pourrait vous empêcher
de dormir : ....

Vos bonnes résolutions pour les jours
à venir : ....

Humour noir pour nuits blanches

Un type annonce fièrement à son collègue de bureau :
— Ça y est, ma belle-mère n'est plus somnambule !
— Elle est guérie ? lui demande son collègue.
— Non, elle est enfin tombée !

À méditer avant de s'endormir

Nous aimons le jus de pomme, le jus d'orange, le jus d'abricot... Boirait-on autant de lait si on l'appelait « jus de vache » ?

Prière du soir

Un curé se plaint auprès d'un de ses collègues :
— Je ne sais plus quoi faire ! Les pigeons sont entrés dans mon église. Ils nichent un peu partout et les fientes tombent sur les paroissiens !
— J'ai eu le même problème il y a quelques années, lui répond l'autre curé. Heureusement, je suis parvenu à m'en débarrasser !
— Comment as-tu fait ?
— Je les ai baptisés et ne les ai plus jamais revus à l'église !

Un couple de rêve

Un type passe sa main sur le crâne chauve d'un copain et lui lance :
— En te touchant le crâne, j'ai l'impression de toucher les fesses de ma femme !
Et le copain lui répond :
— Oui, ça me fait aussi la même impression...

Fermons les yeux

Un docteur examine son patient et lui annonce :
— Je ne peux pas affirmer à quoi sont dues vos douleurs au foie.... Peut-être est-ce l'alcool ?
— Bien, docteur. Dans ce cas, je repasserai vous voir quand vous aurez dessaoulé.

Cervelle en sommeil

Une blonde remarque un peintre qui installe son chevalet dans une prairie.
— Que faites-vous ? lui demande la blonde.
— Je vais peindre les moutons.
— Les pauvres bêtes... C'est comme ça qu'on fait des pulls de couleur ?

Trois doses de rire

Une petite avant de s'endormir

Que font deux gynécologues qui trinquent ensemble ?
Ils boivent l'ovaire de l'amitié.

Histoire à dormir debout

Sarah, une femme juive, n'a pas de chance dans la vie. Chaque matin, depuis des années, la poisse commence dès le petit déjeuner. Lorsqu'elle tartine sa biscotte de confiture, celle-ci lui échappe systématiquement des mains et tombe sur le sol, du côté de la confiture. Elle a beau prier le Seigneur, rien n'y fait. Tous les matins, sa biscotte tombe par terre du mauvais côté. Pourtant, un matin, la biscotte tombe miraculeusement du bon côté ! Sarah est folle de joie. Elle s'empresse d'aller voir le rabbin et lui explique tout. Elle lui demande :

— Rabbin, est-ce que vous pensez que c'est un signe du Seigneur ? Est-ce que cela signifie que je vais dorénavant avoir de la chance dans ma vie ? Qu'en pensez-vous ?

Le rabbin ne répond pas et semble méditer. Sarah insiste :

— Est-ce que le Seigneur vous parle en ce moment, rabbin ?

— Oui, répond-il.

— Et qu'est-ce qu'il vous dit, rabbin ?

— Il me dit que ce matin, vous avez tartiné votre biscotte du mauvais côté !

Activité défoulatoire

Poursuivez le dessin de cette rosace, puis coloriez-la !

Kalkultou

Trouvez les chiffres manquants
en résolvant toutes les opérations.

1	+	4	-		+	3	=	3
-		+		+		-		-
5	+		-	4	+		=	5
+		-		-		+		+
	-	5	+		+	3	=	4
+		+		-		+		+
8	-		+	3	-		=	2
=		=		=		=		=
6	+	9	-	2	-	9	=	4

Boggle

Trouvez le maximum de mots
de 4 lettres et plus !

....

....

....

....

....

Comptez les moutons pour vous endormir !

Nombre total de moutons : ....

Une chèvre s'est mêlée au troupeau !

Un dernier avant d'aller se coucher

Un gendarme arrête un automobiliste et lui demande de se soumettre à un éthylotest.
— C'est hors de question ! dit l'automobiliste. Je ne soufflerai pas dans cet engin !
— Méfiez-vous… répond le gendarme. Si vous ne soufflez pas dedans, c'est moi qui le fais à votre place et votre permis vous sera retiré sur-le-champ !

Prière du soir

Pourquoi a-t-on cloué Jésus sur la croix ?
Pour qu'il tienne !

Non mais je rêve !

Un homme ramène sa belle-mère chez elle en voiture. Ils longent un champ dans lequel se trouvent des vaches.
— Je n'aimerais pas être réincarnée en vache ! dit la belle-mère.
— Ne vous inquiétez pas, belle-maman ! Il paraît que nous ne sommes jamais réincarnés deux fois en la même chose…

À méditer avant de s'endormir

On dit de quelqu'un qu'il a une jambe plus courte que l'autre. Pourquoi ne dit-on jamais qu'il a une jambe plus longue que l'autre ?

Labyrinthe

Saurez-vous trouver le chemin du sommeil ?

Kalkultou

Trouvez les chiffres manquants
en résolvant toutes les opérations.

5	+	3	-		+	2	=	6
-		+		+		-		-
6	+		-	5	+		=	9
+		-		-		+		+
	-	4	+		+	2	=	3
+		+		-		+		+
4	-		+	4	-		=	5
=		=		=		=		=
4	+	2	-	1	-	0	=	5

Coin nuit

Notez ici ce que
vous ne souhaitez pas
oublier et qui pourrait vous
empêcher de dormir : ....

Quel a été le plus beau rêve des nuits
passées ? ....

Une dose de rire

Histoire à dormir debout

Un type demande à un autre :
— Tu connais la différence entre un citron, une tortue et un tube de Super Glue ?
— Non, j'sais pas...
— Eh bien, le citron est pressé et la tortue ne l'est jamais !
— Ha ! Ha ! Ha ! Et la Super Glue ?
— Alors là... C'est une colle !

Un couple de rêve

— Mon mari m'épuise ! confie une femme à sa collègue. Il m'use les nerfs, je ne le supporte plus ! Il me fatigue tellement que je maigris tous les jours !
— Pourquoi ne le quittes-tu pas ? lui demande l'autre.
— J'attends de faire 50 kg et une taille 36.

Fermons les yeux

— Comment faites-vous pour fidéliser votre clientèle ? demande un commerçant à une esthéticienne.
— C'est très simple ! répond-elle. Il suffit que je dise aux clientes « Bonjour, madame ! » quand elles arrivent et « Au revoir, mademoiselle ! » quand elles sortent.

Fatigué

Un vieux monsieur marche à quatre pattes dans le caniveau.
Un passant s'accroupit à côté de lui et lui demande :
— Vous cherchez quelque chose ?
— Oui, à me relever !

Non mais je rêve !

Un monsieur entre dans un établissement thermal
et une hôtesse lui montre les soins.
— Baignoire thalasso... savon hydratant... gant exfoliant...
serviette hydratante... Masseur ?
— Votre sœur ? Avec plaisir !

Un couple de rêve

Un type annonce fièrement à son meilleur copain :
— Ma femme est enceinte !
— Ah... Et tu soupçonnes qui ?

À méditer avant de s'endormir

Si l'on fixe un appareil dentaire pour redresser les dents
sur un dentier, les dents paraîtront-elles plus naturelles ?

Trois doses de rire

Humour noir pour nuits blanches

Un type rencontre par hasard un vieil ami qui suit un long et lent cortège funèbre.
— Salut ! Tu me reconnais ?
— Oui… Je me souviens bien de toi.
— Tu vas bien ? Et ta femme ?
— Comme tu vois : tout doucement…

Une petite avant de s'endormir

Une blonde se fait faire un rappel de vaccin chez le docteur.
— Où souhaitez-vous que je vous pique ? lui demande-t-il. À la fesse ou au bras ?
— Au bras, s'il vous plaît. Ça se verra moins…

Qui dort dîne

Un petit cannibale qui se promène dans la rue avec sa maman croise une femme enceinte. Le petit tire le bras de sa maman et lui dit en désignant la dame enceinte :
— Maman ! Regarde ! Un Kinder surprise !

Ils nous endorment…

Quel point commun y a-t-il entre les enfants et les adultes ?
Les enfants croient au Père Noël et les adultes votent…

Kalkultou

Trouvez les chiffres manquants en résolvant toutes les opérations.

6	-		+	8	-	2	=	9
+		-		-		+		+
	-	2	+		-	4	=	4
-		+		+		-		-
4	-		+	7	+		=	5
-		-		+		-		-
	+	0	-		+	2	=	3
=		=		=		=		=
4	-	9	+	8	+	2	=	5

Message codé

Selon le principe des lettres de l'alphabet décalées et le code « tu es alité » (Tu es « A » lis « T »), déchiffrez cette phrase :

« Jnb whkm et zktllx ftmbgxx mkhmmxkt mhnmx et chnkgxx. »

Proverbe français

Réponse : ....

Boggle

Trouvez le maximum de mots de 4 lettres et plus !

Sudoku

Complétez la grille de manière à ce que chaque ligne, chaque colonne et chaque carré de 3 × 3 contienne une seule fois les chiffres de 1 à 9.

	4	1	8	9	5		7	
5			2	7	6	1	3	
	2		4	3			8	5
1	9				5	8		
7			9	1	8	5	2	6
8			3			7	9	
		5	7	2	3		6	
2				5			1	
	6		1	8		2	5	7

Un couple de rêve

Un homme beau, riche et intelligent, marié à une femme sublimement belle, intelligente et aimante, ayant trois magnifiques enfants, doués, bien élevés et en bonne santé, avait tout pour vivre dans le plus merveilleux des mondes. Une question pourtant ne cessait de le turlupiner : « Qu'est-ce que la vie ? » Dans sa quête pour trouver une réponse à cette question, il rencontre un jour un type qui lui dit avoir entendu parler d'un vieux moine tibétain qui vit dans la montagne, tel un ermite, et qui serait susceptible de pouvoir répondre à sa question. L'homme, qui souhaite donner un véritable sens à sa vie, décide de tout plaquer pour partir à sa recherche. Il abandonne sa femme, ses enfants et dépense toute sa fortune pour retrouver ce vieux moine. Dix ans plus tard, ruiné, désespérément seul, le corps meurtri et marqué par toutes ces années de galère, il trouve enfin le vieux moine ! Il lui demande :

— Dites-moi, sage homme, qu'est-ce que la vie ?

Le moine prend le temps de la réflexion et lui répond :

— La vie… La vie est telle une rivière qui coule entre les montagnes et les collines avant de se jeter dans la mer…

— Et ?

— Et quoi ? s'inquiète le vieux moine.

— C'est tout ?! J'ai perdu ma femme, mes enfants, ma fortune et ma santé pour m'entendre dire que la vie est une rivière qui coule entre les montagnes et les collines avant de se jeter dans la mer… ?!

— Pourquoi, c'est pas ça ?

Humour noir pour nuit blanches

Un type annonce à un copain :
— J'ai inscrit ma belle-mère en faculté de médecine !
— Elle reprend des études ? À son âge ?
— Non, j'ai donné son corps à la science !

Dans tes rêves

Un type est très excité par la gardienne de son immeuble.
Un jour, il tente sa chance et lui demande :
— Puis-je vous faire la cour ?
Et elle lui répond :
— Oui, c'est gentil ! Le balai est ici et le tuyau est déjà branché au robinet !

Cervelle en sommeil

Une blonde se rend chez son médecin et se plaint de palpitations. Le médecin l'examine et lui annonce :
— Je ne vois rien… Ce doit être la tension nerveuse !
— Ah ? Eh bien… Je reviendrai quand vous serez calmé.

À méditer avant de s'endormir

Si une voyante vous demande qui vous êtes, est-ce réellement une voyante ?

Comptez les moutons pour vous endormir !

Nombre total de moutons : ....

Combien de chiens de berger gardent ce troupeau ?

Fermons les yeux

Une maîtresse fait faire des exercices de calcul mental à l'un de ses élèves :
— Combien font 4 plus 7 ?
— 14, m'dame !
— Non. Combien font 10 plus 4 ?
— Euh... 18, m'dame !
— Non, ce n'est toujours pas ça. Concentre-toi ! Combien font 6 plus 3 ?
— 11 !
— Mais enfin ?! Comment comptes-tu ?
— Comme mon père, m'dame ! C'est lui qui m'a appris à compter !
— Ah bon ? Et qu'est-ce qu'il fait, ton père ?
— Il est garçon de café, m'dame !

Au lit les petits !

Un enfant rentre chez lui en pleurant :
— Maman ! J'suis tombé de vélo !
— Encore ! Et avec ton pantalon tout neuf...
— Mais maman, j'ai pas eu le temps de l'enlever !

Une petite avant de s'endormir

Un petit garçon demande à son père :
— Dis, papa, pourquoi les coqs ils chantent le matin ?
— Ils chantent pour remercier le bon Dieu qui a fait que les poules ne portent pas de culottes !

Activité défoulatoire

Des cercles ? Non, ce sont des smileys que vous compléterez selon votre envie et votre humeur du jour (ou de la nuit) !

Mot caché

Retrouvez les mots de cette liste pour découvrir le mot caché !

- bisques
- epique
- ethnique
- figue
- fliquer
- hippique
- panique
- python
- risque
- rythme
- taquin
- tiges
- tiques
- triptyque
- typique

d	r	b	i	s	q	u	e	s	a
e	u	q	y	t	p	i	r	t	e
r	e	e	u	q	i	p	e	i	u
e	t	y	p	i	q	u	e	g	q
u	h	p	y	t	h	o	n	e	i
q	n	f	t	i	q	u	e	s	p
i	i	i	e	u	q	i	n	a	p
l	q	g	t	a	q	u	i	n	i
f	u	u	r	y	t	h	m	e	h
p	e	e	r	i	s	q	u	e	s

DREPS

Coin nuit

Notez ici ce que vous ne souhaitez pas oublier et qui pourrait vous empêcher de dormir : ....

Ce qui vous a énervé ces derniers jours : ....

Lire aide à s'endormir... Combien de temps résisterez-vous à l'effet somnifère du Code Civil ?

CODE CIVIL (Extrait 1)
[source Legifrance]

Chapitre IV : De l'inscription des privilèges et des hypothèques

Article 2428

L'inscription des privilèges et hypothèques est opérée par le service chargé de la publicité foncière sur le dépôt de deux bordereaux datés, signés et certifiés conformes entre eux par le signataire du certificat d'identité prévu aux articles 5 et 6 du décret du 4 janvier 1955 ; un décret en Conseil d'État détermine les conditions de forme auxquelles le bordereau destiné à être conservé par ce service doit satisfaire. Au cas où l'inscrivant ne se serait pas servi d'une formule réglementaire, le service chargé de la publicité foncière accepterait cependant le dépôt, sous réserve des dispositions de l'avant-dernier alinéa du présent article.

Toutefois, pour l'inscription des hypothèques et sûretés judiciaires, le créancier présente en outre, soit par lui-même, soit par un tiers, audit service :
1° L'original, une expédition authentique ou un extrait littéral de la décision judiciaire donnant naissance à l'hypothèque, lorsque celle-ci résulte des dispositions de l'article 2123 ;

2° L'autorisation du juge, la décision judiciaire ou le titre pour les sûretés judiciaires conservatoires. Chacun des bordereaux contient exclusivement les indications et mentions fixées par décret en Conseil d'État.

Le dépôt est refusé :
1° À défaut de présentation du titre générateur de la sûreté pour les hypothèques et sûretés judiciaires ;
2° À défaut de la mention visée de la certification de l'identité des parties prescrite par les articles 5 et 6 du décret du 4 janvier 1955, ou si les immeubles ne sont pas individuellement désignés, avec indication de la commune où ils sont situés.

Si le service chargé de la publicité foncière, après avoir accepté le dépôt, constate l'omission d'une des mentions prescrites, ou une discordance entre, d'une part, les énonciations relatives à l'identité des parties ou à la désignation des immeubles contenues dans le bordereau, et, d'autre part, ces mêmes énonciations contenues dans les bordereaux ou titres déjà publiés depuis le 1er janvier 1956, la formalité est rejetée, à moins que le requérant ne régularise le bordereau ou qu'il ne produise les justifications établissant son exactitude, auxquels cas la formalité prend rang à la date de la remise du bordereau constatée au registre de dépôts.

La formalité est également rejetée lorsque les bordereaux comportent un montant de créance garantie supérieur à celui figurant dans le titre pour les hypothèques et sûretés judiciaires ainsi que, dans l'hypothèse visée au premier alinéa du présent article, si le requérant ne substitue pas un nouveau bordereau sur formule réglementaire au bordereau irrégulier en la forme.

Le décret prévu ci-dessus détermine les modalités du refus du dépôt ou du rejet de la formalité.

Article 2434

L'inscription conserve le privilège ou l'hypothèque jusqu'à la date que fixe le créancier en se conformant aux dispositions qui suivent.

Si le principal de l'obligation garantie doit être acquitté à une ou plusieurs dates déterminées, la date extrême d'effet de l'inscription prise avant l'échéance ou la dernière échéance prévue est, au plus, postérieure de un an à cette échéance, sans toutefois que la durée de l'inscription puisse excéder cinquante années.

Si l'échéance ou la dernière échéance est indéterminée, notamment dans le cas prévu à l'article L. 314-1 du code de la consommation, ou si l'hypothèque est assortie d'une clause de rechargement prévue à l'article 2422, la durée de l'inscription est au plus de cinquante années au jour de la formalité.

Si l'échéance ou la dernière échéance est antérieure ou concomitante à l'inscription, la durée de l'inscription est au plus de dix années au jour de la formalité.

Lorsque la sûreté garantit plusieurs créances et que celles-ci sont telles que plusieurs des trois alinéas précédents sont applicables, le créancier peut requérir soit, pour chacune d'elles, des inscriptions distinctes, soit une inscription unique pour l'ensemble jusqu'à la date la plus éloignée. Il en est de même lorsque le premier de ces trois alinéas étant seul applicable, les différentes créances ne comportent pas les mêmes échéances ou dernières échéances.

CODE CIVIL (Extrait 2)
[source Legifrance]

Chapitre VI : De la purge des privilèges et des hypothèques

Article 2487

Dans le cas où le titre du nouveau propriétaire comprendrait des immeubles et des meubles, ou plusieurs immeubles, les uns hypothéqués, les autres non hypothéqués, situés dans le même ou relevant du ressort territorial de plusieurs services chargés de la publicité foncière, aliénés pour un seul et même prix, ou pour des prix distincts et séparés, soumis ou non à la même exploitation, le prix de chaque immeuble frappé d'inscriptions particulières et séparées, sera déclaré dans la notification du nouveau propriétaire, par ventilation, s'il y a lieu, du prix total exprimé dans le titre.

Le créancier surenchérisseur ne pourra, en aucun cas, être contraint d'étendre sa soumission ni sur le mobilier, ni sur d'autres immeubles que ceux qui sont hypothéqués à sa créance et situés dans le même arrondissement ; sauf le recours du nouveau propriétaire contre ses auteurs, pour l'indemnité du dommage qu'il éprouverait, soit de la division des objets de son acquisition, soit de celle des exploitations.

Sous la couette

Un homme se couche à côté de sa femme et lui dit :
— Ferme les yeux et ouvre la bouche ! J'ai une surprise pour toi...
Sa femme ferme les yeux, ouvre la bouche et son mari en profite pour lui mettre un cachet d'aspirine dedans.
— Qu'est-ce que c'est ? dit la femme.
— Un cachet d'aspirine !
La femme recrache aussitôt le cachet.
— Ça va pas ou quoi ?! Je n'ai pas mal à la tête !
— Ah ? Alors on va pouvoir faire un gros câlin...

Un dernier avant d'aller se coucher

Le brigadier de gendarmerie demande à un de ses hommes :
— Où avez-vous rangé l'éthylomètre que nous venons de recevoir ?
Le gendarme lui répond :
— Nous l'avons retourné, il était défectueux !
— Comment ça ?
— Le commandant a voulu l'essayer hier et l'aiguille est restée bloquée à droite...

Une petite avant de s'endormir

Qu'est-ce que le péché originel ?
Une pomme, deux poires et beaucoup de pépins !

Labyrinthe

Saurez-vous trouver le chemin du sommeil ?

Sudoku

Complétez la grille de manière à ce que chaque ligne, chaque colonne et chaque carré de 3 × 3 contienne une seule fois les chiffres de 1 à 9.

					8			9
	9	6		3	4	1	5	8
2	1		7		9	6		4
8	3		4		1		6	
	6	1	3				9	2
4	2	7	5	9				
1	7			4	5	9	2	
			9				8	5
9	8		6					

Boggle

Trouvez le maximum de mots de 4 lettres et plus !

Comptez les moutons pour vous endormir !

Nombre total de moutons : ....

De quel mouton ne voit-on aucune patte ?

Histoire à dormir debout

Il fait nuit et un gendarme arrête un cycliste qui roule sans lumière.
— Gendarmerie ! Que faites-vous à circuler sur cette route sans lumière ?
— Veuillez me pardonner, je suis le curé du village. Dieu et moi, nous nous rendons en urgence chez un mourant lui administrer les derniers sacrements.
— Ah ! Et en plus, vous êtes deux sur le vélo !

Dans de beaux draps

Un policier contrôle un musicien qui jouait dans le métro.
— Vous avez une autorisation pour jouer ici ?
— Euh, non...
— Bien ! Accompagnez-moi, s'il vous plaît !
— D'accord, que voulez-vous chanter ?

À méditer avant de s'endormir

La loi de la gravité peut-elle être abolie ?

Ils nous endorment...

Un homme se rend à confesse :
— Mon père, j'ai péché...
— Quels sont vos péchés, mon fils ?
— Je suis un menteur, un voleur et je ne tiens pas mes promesses.
— Ah ! fait le prêtre. Il y a longtemps que j'attendais votre venue, monsieur le Député !

Message codé

Selon le principe des lettres de l'alphabet cécalées et le code « tu es alité » (Tu es « A » lis « T »), déchiffrez cette phrase :

« Jnb whkm uxtnvhni tiikxgwkt ixn. »

Proverbe espagnol

Réponse : ....

....

Boggle

Trouvez le maximum de mots de 4 lettres et plus !

....

....

....

....

....

Sudoku

Complétez la grille de manière à ce que chaque ligne, chaque colonne et chaque carré de 3 × 3 contienne une seule fois les chiffres de 1 à 9.

2		6	3	4	1			
9	7	3	8	6	5	2	1	4
8		1	2			5		
3					8			
4	8	2	9				3	
							2	
	3	8		7		1	4	9
	2						7	
	9	4	6	1				

Coin nuit

Notez ici ce que vous ne souhaitez pas oublier et qui pourrait vous empêcher de dormir : ....

....

Quel a été le pire cauchemar des nuits passées ? ....

....

Qui dort dîne

Un client appelle le serveur :
— Garçon, s'il vous plaît ! Il y avait un cheveu dans mon assiette !
— Je vous remercie, monsieur. Nous allons le mettre de côté au cas où quelqu'un viendrait le réclamer.

Un couple de rêve

Une femme raconte à sa coiffeuse :
— Mon mari et moi avons passé des vacances séparément. Moi, à Nice et lui, à Ibiza.
— Cet été ?
— Non, il y a trois ans.
— Et ça vous a plu ?
— Mes vacances étaient merveilleuses ! Mais mon mari, je ne sais pas, il n'est pas encore rentré...

Fermons les yeux

Une femme se rend chez une voyante.
— Je vois... Je vois... Un terrible danger menace votre mari... Je vois... Je vois votre mari mourir !
— Bon, d'accord, mais est-ce que vous pouvez me dire si je vais être acquittée ?

À méditer avant de s'endormir

Lorsqu'un taxi fait une marche arrière, son compteur tourne-t-il à rebours ?

Cervelle en sommeil

Lors d'une soirée, un type drague une blonde et lui susurre à l'oreille :

— Dis-moi, tu serais d'accord pour qu'on parte tous les deux en catimini...

— Oh oui ! fait la blonde. J'ai toujours rêvé d'aller en Italie !

Histoire à dormir debout

Deux types se rencontrent :

— Bonjour ! Je vous croyais mort...

— Mort ?! Pourquoi donc ?

— J'ai rencontré plusieurs personnes qui m'ont dit du bien de vous !

Au lit les petits !

Un môme s'amuse à faire semblant de pêcher en jetant une ficelle sans hameçon dans l'eau. Un passant lui demande :

— Tu crois que tu vas en attraper beaucoup comme ça ?

— Oui, vous êtes le dixième !

À méditer avant de s'endormir

Lorsque l'on traverse et que le petit bonhomme passe au rouge, faut-il faire demi-tour si on n'a pas traversé plus de la moitié de la chaussée ?

À méditer avant de s'endormir

Pourquoi appuyer plus fort sur les touches de la télécommande lorsque les piles sont à plat ?

Humour noir pour nuits blanches

Un homme entre dans une pharmacie et demande une boîte de préservatifs noirs.
— Pourquoi des préservatifs noirs ? questionne le pharmacien.
Et le client lui répond :
— J'ai promis à ma défunte femme de porter son deuil jusqu'au bout !

Un couple de rêve

Deux copains discutent :
— Alors, la retraite ? Ça se passe bien ?
— Génial ! C'est la liberté ! Je me lève quand je veux, je mange à l'heure que je veux, je fais ce que je veux de mes journées… le pied ! Dommage que ma retraite se termine bientôt…
— Hein ?! Ne me dis pas que tu as l'intention de retravailler !
— Non, mais dans trois mois ma femme prendra elle aussi sa retraite…

Une mignonne pour faire de beaux rêves

Quel est le comble pour un agneau ?
C'est de marcher à pas de loup…

Labyrinthe

Saurez-vous trouver le chemin du sommeil ?

Message codé

Selon le principe des lettres de l'alphabet décalées et le code « tu es alité » (Tu es « A » lis « T »), déchiffrez cette phrase :

« Uhbkx wn vtyx xfiêvax wx whkfbk. Itk vhgmkx, whkfbk xfixvax wx uhbkx wn vtyx. »

labebiix Zxenva

Réponse : ....

....

Boggle

Trouvez le maximum de mots de 4 lettres et plus !

....

....

....

....

....

Kalkultou

Trouvez les chiffres manquants en résolvant toutes les opérations.

6	+		-	3	-		=	0
+		-		-		+		-
	-	4	+		-	3	=	0
-		+		+		-		+
7	+		+	5	-		=	9
+		-		+		-		-
2	+	1	+		-	1	=	2
=		=		=		=		=
6	-	1	+	6	-	4	=	7

Une petite avant de s'endormir

Un curé passe au milieu de ses paroissiens pour faire la quête. Il tend la corbeille à une blonde qui lui dit alors :
— Non, merci !

Sous la couette

Un couple de jeunes mariés s'apprête à franchir le perron de leur nouveau domicile conjugal. Le mari peine à insérer la clef dans la serrure.
— Que fais-tu ? demande la jeune mariée.
— Pfff ! Je n'arrive pas à la mettre dans le trou !
— Eh bien, ça promet !

Non mais je rêve !

Une petite fille à sa mamie :
— Mamie ! Mamie ! Montre-moi ta langue !
— Arrête tes bêtises...
— Si, mamie ! Montre-moi ta langue !
La mamie finit par s'exécuter et tire sa langue. La petite fille semble très déçue.
— Ah... fait-elle.
— Eh bien quoi ? Qu'est-ce qu'elle a ma langue ? rouspète la mamie.
— Ben... Papa, il disait que t'avais une langue de vipère !

À méditer avant d'aller se coucher

Un chauve peut-il avoir un cheveu sur la langue ?

Un couple de rêve

Un type se confie à un collègue :
— Je vais bientôt fêter mes vingt ans de mariage.
— C'est beau les couples qui durent.
— Et ça fait vingt ans que j'aime la même femme !
— C'est formidable.
— Oui, mais c'est surtout très dangereux ! Si ma femme l'apprenait...

Cervelle en sommeil

Après un cours de gymnastique, une blonde se change dans les vestiaires. Une copine lui demande :
— Tu as pris une douche ?
— Non, pourquoi ? Il en manque une ?

Qui dort dîne

Au cours d'un repas, un cannibale s'étrangle.
— Keuf ! Keuf ! Keuf ! Rrrrrah ! Il était de quel signe le touriste ?
— Son signe du zodiaque ? Poisson, je crois... répond sa femme.
— Rrrrrrrah ! Keuf ! Keuf ! J'ai dû avaler une arête !

Comptez les moutons pour vous endormir !

Nombre total de moutons : ....

Un mouton n'est pas content... Lequel ?

À méditer avant de s'endormir

Pourquoi utiliser une aiguille stérile pour tuer un condamné à mort ?

Non mais je rêve !

Un juif téléphone à sa mère :
— Allô, maman ?
— Oui... C'est toi, mon fils ?
— Oui... Comment tu vas, maman ?
— Pas très bien, mon fils.
— Qu'est-ce qu'il y a ? Tu es malade ? Dis-moi, maman !
— Je suis faible. Je ne mange plus.
— Quoi ?! Tu ne manges plus ? Mais il faut manger, maman !
— Manger ? Je n'ai pas mangé depuis quatre jours !
— Quatre jours sans manger ? Ça va pas ! Pourquoi tu n'as pas mangé depuis quatre jours, maman ?
— Pourquoi ? Tu me demandes pourquoi ? Si je n'ai pas mangé depuis quatre jours, mon fils, c'est parce que je ne voulais pas avoir la bouche pleine la prochaine fois que tu te déciderais à appeler ta mère au téléphone !

Une mignonne pour faire de beaux rêves

Quel est le plus beau rêve des chiens ?
C'est d'avoir une nuit de n'os !

Activité défoulatoire

Un peu de calligraphie ! Sur ces lignes, faites de jolies lettres.
Des lignes de « D », de « O »... puis au dodo !

....

....

....

....

Kalkultou

Trouvez les chiffres manquants en résolvant toutes les opérations.

2	+	3	-		+	4	=	4
-		+		+		-		-
5	+		-	0	+		=	9
+		-		-		+		+
	-	3	+		+	2	=	3
+		+		-		+		+
5	-		+	3	-		=	4
=		=		=		=		=
4	+	4	-	0	-	6	=	2

Boggle

Trouvez le maximum de mots de 4 lettres et plus !

....

....

....

....

....

Coin nuit

Notez ici ce que vous ne souhaitez pas oublier et qui pourrait vous empêcher de dormir : ....

....

....

....

Quels ont été les bons moments, les choses positives des journées passées ? ....

....

....

....

Histoire à dormir debout

Un homme se rend chez un psychiatre et lui déclare :
— Ma femme se prend pour une perceuse électrique !
— Pourquoi ne lui demandez-vous pas de venir me voir ?
— Je voudrais bien, mais mon voisin me l'a empruntée il y a deux mois et il ne me l'a toujours pas rendue !

Chuuuuut !

Un type demande à son meilleur copain :
— Qu'est-ce que tu fais après l'amour, toi ?
— Je fume une petite cigarette. Et toi ?
— Moi, je me dépêche de partir avant que tu ne rentres !

Qui dort dîne

Un papa cannibale et son fils accueillent un groupe de touristes. Parmi eux, ils repèrent une jeune et jolie femme.
— Papa, dit le petit, on la capture et on la mange ?
— Non, répond le père, on la capture... et on mange ta mère !

Une petite avant de s'endormir

Quel est le comble pour un obèse ?
C'est de faire un bide.

Une petite avant de s'endormir

Quel saint porte la plus grande auréole ?
Celui qui a la plus grosse tête !

Sous la couette

Une femme interroge une amie qui est la maîtresse d'un homme marié :
— J'ai peur que mon mari parte voir ailleurs… Comment fais-tu pour exciter ton amant ?
— Moi, je m'habille sexy. Par exemple, tout en cuir noir… La dernière fois qu'il m'a vue comme ça, il m'a sauté dessus et nous avons fait l'amour comme des bêtes !
Quelques jours plus tard, la femme mariée et la maîtresse se retrouvent. Cette dernière demande à son amie :
— Alors, as-tu essayé ce que je t'ai conseillé ?
— Oui, répond la femme. Je me suis habillée super sexy, tout en cuir noir pour l'exciter…
— Et ?
— Et, quand il est rentré du travail et qu'il m'a découverte ainsi, il m'a dit « Salut Batman, qu'est-ce qu'on mange ? »

À méditer avant de s'endormir

Comment les sourds peuvent-ils savoir que l'on parle d'eux s'ils n'ont pas les oreilles qui sifflent ?

Histoire à dormir debout

L'assistante d'un psychiatre entre dans le bureau de son patron et lui annonce :
— Madame Martin est passée.
— Celle qui se prenait pour une poule ?
— Oui ! Elle vous fait dire qu'elle est guérie...
— Super !
— ... et pour vous remercier, elle vous a apporté une douzaine d'œufs !

Un couple de rêve

Une femme fait la tronche à son mari.
— Pourquoi me fais-tu la tête ? lui demande le mari.
— Cette nuit, pendant que tu dormais, tu as dit que j'étais laide et grosse !
— Mais, fait le mari, je ne dormais pas !

Un dernier avant d'aller se coucher

Un médecin consulte les résultats des analyses sanguines de son patient et lance à ce dernier :
— Allez ! Dites-moi tout... Qu'est-ce que vous buvez ?
Le patient lui répond :
— Ben... Qu'est-ce que vous me proposez ?

Mot caché

Retrouvez les mots de cette liste pour découvrir le mot caché !

agent
argent
boulot
client
coudes
descendre
doigts
draguer
engager
fendre
garderie
grande
manchots
poids
remonter
verre

e	r	d	n	e	c	s	e	d	s
r	e	t	n	o	m	e	r	r	t
r	t	d	u	g	o	a	e	e	o
e	n	d	e	a	b	r	g	u	h
v	e	s	r	r	o	g	a	g	c
s	i	t	d	d	u	e	g	a	n
d	l	g	n	e	l	n	n	r	a
i	c	i	e	r	o	t	e	d	m
o	d	o	f	i	t	n	e	g	a
p	o	d	s	e	d	n	a	r	g

Sudoku

Complétez la grille de manière à ce que chaque ligne, chaque colonne et chaque carré de 3 × 3 contienne une seule fois les chiffres de 1 à 9.

	3		2	8	1		4	5
			7		4			6
		5	6		9		1	8
				9		1		2
	8		1		5	3		9
9			3	2			8	4
7	1	4	9	6			5	
		9	4			6	2	1
8			5	1	3		9	7

Message codé

Selon le principe des lettres de l'alphabet décalées et le code « tu es alité » (Tu es « A » lis « T »), déchiffrez cette phrase :

« Jnb whkm xg thnm whkm t lhg vhnm. »

Proverbe agricole

Réponse : ....

Comptez les moutons pour vous endormir !

Nombre total de moutons : ....

Quel mouton tire la langue ?

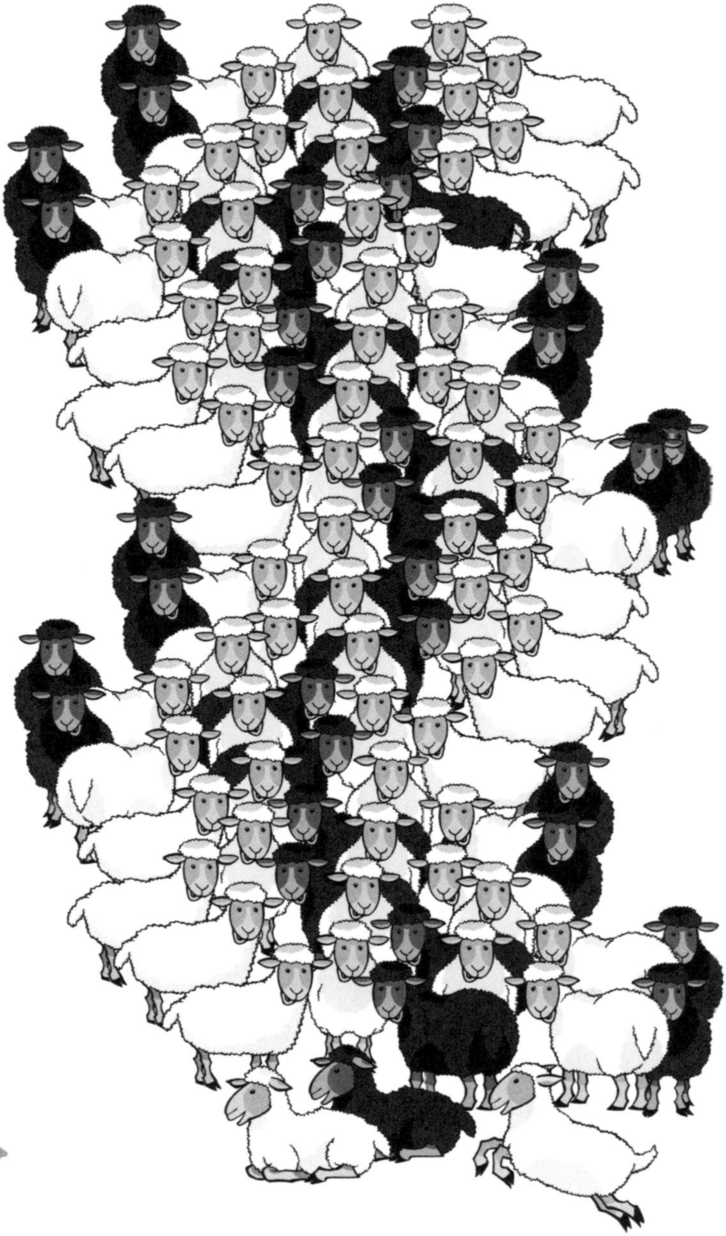

Une petite avant de s'endormir

Quel est le comble pour un égocentrique ?
C'est d'arriver à cacher son je.

Alité

Un homme s'apprête à se faire amputer d'une jambe.
Le chirurgien demande à son patient :
— Comment souhaitez-vous être anesthésié ?
— Euh... Je ne sais pas, c'est vous le chirurgien !
— Vous préférez la méthode la plus chère ou bien la moins chère ?
Le patient se décide enfin :
— Eh bien, la moins chère !
Le chirurgien attrape alors sa scie et se met à chanter :
— Fais dodo, Colas mon p'tit frère, fais dodo, t'auras du lolo. Fais dodo...

Qui dort dîne

Une blonde avale des noisettes sans même les casser au préalable. Sa copine lui demande :
— Tu manges des noisettes sans casser la coquille ?
— Pfff ! C'est pas la peine, je sais ce qu'il y a dedans !

À méditer avant de s'endormir

À la suite d'un accident, lorsque l'airbag s'actionne, prend-on le cache de l'airbag dans la gueule ?

Labyrinthe

Saurez-vous trouver le chemin du sommeil ?

Sudoku

Complétez la grille de manière à ce que chaque ligne, chaque colonne et chaque carré de 3 × 3 contienne une seule fois les chiffres de 1 à 9.

8						9	4	
5	4	2		8	9		3	
6	3	9		4	2	7	5	8
	2	3	4		5			9
	5	7	9	1			6	
			3	2	7	5		
	8	6	5	3		4		7
	1	5			4		8	
3	9	4		7	6			

Coin nuit

Notez ici ce que vous ne souhaitez pas oublier et qui pourrait vous empêcher de dormir : ....

....

Ce qui vous a énervé ces derniers jours : ....

....

....

Un dernier avant d'aller se coucher

Le client d'un hôtel se rend au bar de l'établissement pour tuer un peu le temps. Il s'installe au comptoir et engage la conversation avec le barman :
— Aux informations, j'ai entendu Emmanuel Macron dire que...
— Stop ! dit le barman. Ici, on ne parle pas de politique. C'est un sujet de dispute.
— Bien...
Un peu plus tard, le client dit au barman :
— Vous avez vu le pape ? Il paraît que...
— Stop ! dit le barman. Ici, on ne parle pas de religion. C'est un sujet de fâcherie.
— Bien...
Quelques minutes plus tard, le client tente à nouveau d'engager la conversation :
— Au fait, vous connaissez le résultat de PSG-Marseille ?
— Stop ! hurle le barman. Ici, on ne parle pas de sport. C'est un sujet qui déclenche les bagarres.
— Bien... Et de quoi peut-on parler dans cet établissement ? On peut parler de sexe ? demande le client.
— Oui, ça, on peut, répond le barman.
— D'accord... Alors va te faire enculer !

Une petite avant de s'endormir

Quel est le comble pour un banquier ?
C'est de trouver que les choses sont sans intérêt !

Sous la couette

Que faut-il faire pour calmer les ardeurs sexuelles d'un homme ?
Il faut l'épouser !

Prière du soir

Dans un couvent, deux religieuses croisent leur mère supérieure. Cette dernière semble de très mauvaise humeur et ne leur adresse même pas la parole. L'une des deux sœurs dit alors à l'autre :
— Mère supérieure a dû se lever du pied gauche, ce matin !
— Je ne sais pas si elle s'est levée du pied gauche... lui répond l'autre. Mais une chose est sûre, elle s'est levée du mauvais côté du lit !
— Ah bon ? Comment ça ?
— Elle porte les chaussures du père François !

Une mignonne pour faire de beaux rêves

Deux chiens sont assis devant la porte d'un grand magasin sur laquelle il est écrit « Les chiens ne sont pas admis ».
— Qu'est-ce qu'on fait ? demande le premier.
— Eh bien, on entre, on n'est pas censé savoir lire ! lui répond son compagnon de route.

Trois doses de rire

Au lit les petits !

Le gardien d'un zoo dit à un petit garçon :
— Attention ! Surtout ne t'approche pas trop près de la cage du lion !
— Eh bien quoi ? J'vais pas le manger !

À méditer avant de s'endormir

Les gens qui ont échappé à la mort disent qu'ils ont vu toute leur vie défiler devant leurs yeux. Qu'en est-il des aveugles ? Entendent-ils juste une bande-son ?

Un dernier avant d'aller se coucher

Pourquoi un ivrogne ne répond-il jamais au téléphone ?
Parce qu'il ne peut pas dire « allô » !

Un couple de rêve

Un avocat annonce à son client :
— J'ai une bonne et une mauvaise nouvelle.
— Commencez donc par la bonne.
— Votre femme renonce à ce que votre héritage soit pris en considération dans le règlement du divorce !
— Très bien... Et la mauvaise ?
— Dès que le divorce sera prononcé, elle épouse votre père.

Activité défoulatoire

Réveillez l'artiste qui sommeille en vous en poursuivant cette œuvre !

Message codé

Selon le principe des lettres de l'alphabet décalées et le code « tu es alité » (Tu es « A » lis « T »), déchiffrez cette phrase :

« lb mn gx ixnq whkfbk, gx mx yhkvx itl t ohnehbk ex ytbkx. »

Proverbe cambodgien

Réponse : ....

....

....

....

....

Kalkultou

Trouvez les chiffres manquants en résolvant toutes les opérations.

9	-		+	6	-	4	=	8
+		-		-		+		+
	-	2	+		-	2	=	3
-		+		+		-		-
7	-		+	1	+		=	3
-		-		+		-		-
	+	4	-		+	3	=	5
=		=		=		=		=
3	-	5	+	5	+	0	=	3

Un couple de rêve

Deux copines parlent de leur amoureux :
— Il me dit que je suis belle, que je suis spirituelle, intelligente, que j'ai des yeux magnifiques… Tu crois que je devrais l'épouser ?
— Certainement pas ! Un menteur pareil !

Une petite avant de s'endormir

Comment appelle-t-on les moines tibétains avec lesquels on est super copains ?
Des bonzes amis !

Non mais je rêve !

À la maternité, un papa s'inquiète de ne pas se trouver de ressemblance avec son fils. Il demande à une sage-femme :
— Dites-moi franchement : vous trouvez qu'il me ressemble ?
— Oui, répond la sage-femme, mais ce n'est pas grave… L'essentiel est qu'il soit en bonne santé !

Histoire à dormir debout

Une sardine rencontre une autre sardine.
— Alors, comment ça va ta femme ?
— Partie avec un maquereau.
— Mince ! Et ta belle-mère ?
— Pour elle, c'est super : depuis qu'elle a rencontré un pêcheur, tout baigne dans l'huile !

Humour noir pour nuits blanches

Une maman confie son bébé à garder pour la journée à une blonde. Lorsqu'elle revient en fin d'après-midi, la blonde lui annonce :

— Madame, j'ai voulu secouer la couverture du petit par la fenêtre et elle est tombée...

— Oh ! Ce n'est pas bien grave, cela peut arriver... Bébé n'a pas eu froid sans sa couverture au moins ?

— Non ! dit la blonde. Rassurez-vous : il était dedans !

À méditer avant de s'endormir

Qui gagne dans un concours de circonstances ?

Un couple de rêve

Deux femmes parlent de leur mari :

— Le mien a le cœur sur la main ! Il donnerait sa chemise ! Et le tien ?

— Le mien aussi, il donne sa chemise ! Pour que je la lave et la lui repasse...

Une petite avant de s'endormir

Qui fut la première femme au foyer ?

Jeanne d'Arc.

Comptez les moutons pour vous endormir !

Nombre total de moutons : ....

Lequel de ces moutons n'a pas son jumeau ?

Une petite avant de s'endormir

Que fait un caméléon sur une robe Desigual ?
Il meurt d'épuisement.

Un dernier avant d'aller se coucher

Un type rentre chez lui complètement bourré. Il fait nuit et sa femme est couchée depuis longtemps, lorsqu'un grand bruit la réveille en sursaut.
— Qu'est-ce que c'est ?! hurle-t-elle. C'est toi ? Qu'est-ce qui a fait ce bruit ?
Le mari lui répond :
— C'est rien... C'est ma veste qu'est tombée.
— Ah ? C'est ça qui a fait autant de bruit ?
— Euh oui... Peut-être parce que j'étais encore dedans... ?

Histoire à dormir debout

Un Écossais dit à un copain :
— Il faut absolument que je trouve de l'argent avant demain !
— Je suis désolé, mais...
— Et je ne sais pas à qui demander.
— Ouf ! Tu me soulages, j'ai cru que tu allais me demander !

Une mignonne pour faire de beaux rêves

Quel est le comble pour une gousse d'ail ?
C'est de lui dire d'aller s'occuper de ses oignons !

Sudoku

Complétez la grille de manière à ce que chaque ligne, chaque colonne et chaque carré de 3 × 3 contienne une seule fois les chiffres de 1 à 9.

	1			8			5	2
	8	7			5	1		9
	5	2		3	6	4	8	
2	4	9	3			7	1	6
		8	6			2	4	5
5	6				4	9	3	8
	2	5						
1				9		5		4
	9			4	2	6		

Boggle

Trouvez le maximum de mots de 4 lettres et plus !

....
....
....
....
....

Kalkultou

Trouvez les chiffres manquants en résolvant toutes les opérations.

7	+		-	4	-		=	5
+		-		-		+		-
	-	1	+		-	6	=	4
-		+		+		-		+
5	+		+	5	-		=	8
+		-		+		-		-
2	+	2	+		-	3	=	4
=		=		=		=		=
8	-	8	+	5	-	0	=	5

Coin nuit

Notez ici ce que vous ne souhaitez pas oublier et qui pourrait vous empêcher de dormir : ....

....
....
....

Chassez vos idées noires : ....

....
....
....

Dans de beaux draps

Le président du tribunal s'adresse à l'accusé :
— Pourquoi avoir poussé votre femme sur les rails au moment où le train arrivait ?
— Elle ne m'obéissait jamais, alors… j'ai seulement voulu la mettre sur la bonne voie !

Au lit les petits !

Un enfant rentre chez lui avec une petite écorchure au genou.
— Qu'est-ce que tu t'es fait ? lui demande sa maman.
— J'suis tombé à l'école…
— Tu as pleuré ?
— Non, y avait personne…

Cervelle en sommeil

Une brune explique à une blonde ce qu'est la loi de la gravitation.
— As-tu compris ? lui demande-t-elle.
— Oui, oui ! Mais… comment les gens tenaient-ils debout avant que la loi ne soit votée ?

Un couple de rêve

— Ma femme m'énerve, dit un type à son collègue. Elle n'arrête pas de me parler de son ex-mari !
— Ne te plains pas, lui répond l'autre. La mienne ne parle que de son prochain époux !

Dans tes rêves !

Un type qui drague une fille la saisit par les épaules et lui dit :
— Je peux lire en toi comme dans un livre !
— Eh bien, dans ce cas, enlève tes sales pattes, je ne suis pas écrite en braille !

Ils nous endorment...

Quelle différence y a-t-il entre un cocu et un député ?
Le premier n'est pas obligé d'assister aux séances...

Histoire à dormir debout

Un type rencontre un copain chauve.
— Tu ne connais pas la chance que tu as d'être chauve !
— Ah bon ? Et pourquoi ?
— Ça fait deux fois qu'on me vole ma voiture pendant que je suis chez le coiffeur !

Un couple de rêve

Un chasseur et sa femme font un safari. Le guide demande au chasseur :
— Si votre femme se fait enlever par un gorille, que devez-vous faire ?
— Rien ! répond le mari. C'est à lui de se sortir des emmerdes dans lesquels il s'est fourré !

Une petite avant de s'endormir

Qu'est-ce que le mariage ?
Ce sont des grands mots avant, des petits mots pendant et des gros mots après !

Un couple de rêve

Un enfant demande à sa mère :
— Qui c'est qui a inventé l'eau chaude, maman ?
— Je ne sais pas... Pourquoi ?
— Ben... Papa m'a dit que c'était pas toi !

À méditer avant de s'endormir

Comment le panneau interdisant de marcher sur la pelouse a-t-il été planté au milieu de la pelouse ?

Prière du soir

Un bateau de croisière est en train de sombrer. Le capitaine distribue les gilets de sauvetage et fait monter les passagers dans les canots. Alors qu'il ne reste qu'un canot et qu'il y a encore des passagers à embarquer, le capitaine demande :
— Y a-t-il quelqu'un parmi vous qui croit en Dieu et qui sait prier ?
Un homme lève le doigt.
— Parfait ! fait le capitaine. Il manque une place dans le canot. Restez à bord du navire et... priez !

Labyrinthe

Saurez-vous trouver le chemin du sommeil ?

Message codé

Selon le principe des lettres de l'alphabet décalées et le code « tu es alité » (Tu es « A » lis « T »), déchiffrez cette phrase :

« E'tfhnk xlm ngx ablmhbkx à whkfbk vhnvax. »

Itne Fhktgw

Réponse : ....

....

....

....

Boggle

Trouvez le maximum de mots de 4 lettres et plus !

Sudoku

Complétez la grille de manière à ce que chaque ligne, chaque colonne et chaque carré de 3 × 3 contienne une seule fois les chiffres de 1 à 9.

			3	7		1	2	5
9	2	5	6	1	8		3	
3	1	7						8
	8	9			7	3		
			8	2		7		
7	6	3	4			8	5	
6	7			5	4	9	8	3
		8	7	3	2			
5						2		1

....

....

....

....

Comptez les moutons pour vous endormir !

Nombre total de moutons : ....

Ces deux troupeaux sont parfaitement identiques.
À une exception !

Une dose de rire

À méditer avant de s'endormir

Si l'on ne s'aperçoit que certains livres rendent cons qu'après les avoir lus, ne sommes-nous pas devenus trop cons pour porter un jugement sur ces livres ?

Un couple de rêve

— Dis, maman, demande un petit enfant, pourquoi papa il est parti et il ne reviendra jamais ?
— Ferme-la ! hurle la mère. Dépêche-toi de terminer la vaisselle, tu as encore du repassage à faire !

Histoire à dormir debout

Le directeur d'un asile fait le tour de ses pensionnaires. Dans une chambre, un fou saute sur place et un autre se tient immobile, recroquevillé dans un coin.
— Pourquoi est-ce qu'il saute ? demande-t-il à l'infirmer.
— Il se prend pour un pop-corn !
— Et l'autre, pourquoi est-il recroquevillé dans un coin ?
— Lui, il est tombé de la casserole…

Un dernier avant d'aller se coucher

Qu'est-ce qu'une personne qui refuse d'admettre qu'elle est alcoolique ?
C'est quelqu'un de mauvaise foie…

Boggle

Trouvez le maximum de mots de 4 lettres et plus !

....

....

....

....

....

Mot caché

Retrouvez les mots de cette liste pour découvrir le mot caché !

absence	inscrire
boire	langage
boite	rois
brochure	sacoche
ecorchure	savoir
encoche	surprise
foie	trappe
frappes	visible

e	a	l	a	n	g	a	g	e	t
h	b	o	i	r	e	c	r	r	b
c	s	a	n	u	c	u	a	r	y
o	e	e	s	h	h	p	o	i	f
c	n	t	c	c	p	c	s	o	r
a	c	i	r	e	h	i	i	v	a
s	e	o	i	u	b	e	e	a	p
m	c	b	r	l	r	o	i	s	p
e	a	e	e	h	c	o	c	n	e
e	s	i	r	p	r	u	s	r	s

Coin nuit

Notez ici ce que vous ne souhaitez pas oublier et qui pourrait vous empêcher de dormir : ....

....

....

....

Quels furent vos pires cauchemars ? ....

....

....

Une petite avant de s'endormir

Au même moment, un type fait un saut à l'élastique depuis le haut d'un pont, un enfant vise un oiseau avec son lance-pierres et un jeune couple fait l'amour.
Que se disent-ils tous ?
Pourvu que le caoutchouc tienne !

Dans de beaux draps

Un prisonnier se plaint à son geôlier :
— Je voudrais voir le docteur !
— Qu'est-ce que tu as ?
— J'ai les jambes lourdes... lourdes... lourdes !
— Tu vois ! répond le geôlier. Je t'avais bien dit que tu finirais par oublier les boulets que tu as aux pieds !

Un couple de rêve

À la maternité, la sage-femme demande à la maman :
— Je demande au papa de rentrer ?
— Surtout pas ! dit la mère. Mon mari doit arriver d'une minute à l'autre !

Une mignonne pour faire de beaux rêves

Quelle différence y a-t-il entre un calendrier, une maison et un oiseau ?
Le calendrier est à mois, la maison est à toit et l'oiseau est à ailes.

Humour noir pour nuits blanches

Un jeune enfant mendie dans la rue. Une vieille dame a pitié de lui et lui tend un gros billet.
— Mon pauvre petit ! C'est parce que tu as faim que tu mendies dans la rue ?
— Non, m'dame ! C'est parce que mon père a soif !

Au lit les petits !

Dans un supermarché, une petite fille se met à crier :
— Maman ! Regarde ! T'as vu le petit nain ?
Gênée, la maman tente une explication :
— Allons ! On ne dit pas un « petit » nain, mais un nain tout court !

Une petite avant de s'endormir

Quelle différence y a-t-il entre le pouce et le majeur ?
Essayez donc de faire du stop avec le majeur !

Alité

À l'hôpital, un patient s'inquiète de l'opération qu'il doit subir. Il demande au chirurgien :
— Combien cette intervention va-t-elle me coûter ?
— Ne vous en faites pas, lui répond le chirurgien, ce sont vos héritiers qui paieront !

Un couple de rêve

Un couple se dispute :
— Je suis le seul à ramener de l'argent à la maison, dit le mari. Sans mon argent, tu n'aurais pas de lit où dormir, pas de canapé où t'asseoir, ni même de maison pour t'abriter ! Compris ?
Sa femme lui répond alors :
— Et sans ton argent, je ne serais pas là non plus ! Compris ?

Histoire à dormir debout

Une femme vient d'accoucher de triplés. La sage-femme les amène au papa, qui n'a pas souhaité assister à l'accouchement.
— Regardez comme ils sont beaux ! La maman va bien. Je vous félicite, ce sont trois magnifiques bébés !
Le père les regarde scrupuleusement un à un, puis dit à la sage-femme :
— Bon… Je crois que je vais prendre celui du milieu !

À méditer avant de s'endormir

Que comptent les moutons pour s'endormir ?

Une petite avant de s'endormir

Pourquoi les hommes se mettent-ils des gouttes de Viagra dans les yeux ?
Pour avoir le regard plus dur !

Activité défoulatoire

Appliquez-vous à poursuivre le dessin de cette spirale de manière régulière, puis fixez-la en vous répétant « Dors... Dors... Dors... ».

Labyrinthe

Saurez-vous trouver le chemin du sommeil ?

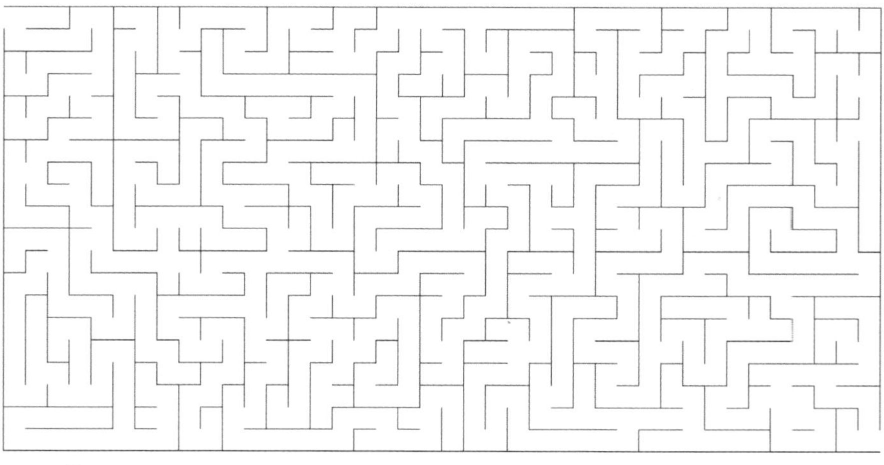

Une mignonne pour faire de beaux rêves

Qu'est-ce qui énerve le plus les parents d'un caméléon ?
Lorsqu'il leur en fait voir de toutes les couleurs !

Humour noir pour nuits blanches

Un type annonce fièrement à un ami :
— Ça y est, je me suis enfin décidé à offrir des fleurs à ma belle-mère !
— Sans blague ! C'était son anniversaire ?
— Non, son enterrement !

À méditer avant de s'endormir

Pourquoi fabrique-t-on des étiquettes de vêtement qui grattent autant ?

Une petite avant de s'endormir

Qu'est-ce qui rend tous les hommes beaux ?
L'obscurité !

Dans de beaux draps !

Une assistante de direction annonce à une collègue :
— Le patron m'a invitée à dîner, ce soir !
— Ah bon ? Méfie-toi, il va t'arracher tes vêtements…
— Merci de me prévenir ! Je mettrai des trucs auxquels je ne tiens plus trop !

Un couple de rêve

Une femme demande à une copine :
— Tu te souviens de la première fois où tu as vu un cochon ?
— Oui ! C'était le soir de ma nuit de noces...

Une petite avant de s'endormir

Quel est le comble pour un pompier ?
C'est de se faire incendier par sa femme !

Un couple de rêve

Une femme fait remarquer à son mari qu'il l'aime beaucoup moins qu'avant :
— Au début, lui dit-elle, à table, tu me laissais toujours le gros morceau et tu prenais le petit... Maintenant, tu prends le gros sans rien dire et tu me laisses le petit ! Tu m'aimes moins qu'avant...
— Mais non, chérie ! C'est tout simplement que tu cuisines beaucoup mieux qu'avant.

Cervelle en sommeil

Que fait une blonde qui sort de la douche ?
Elle enlève ses vêtements pour les faire sécher.

Comptez les moutons pour vous endormir !

Nombre total de moutons : ....

Lequel de ces moutons ne bêle pas ?

Histoire à dormir debout

Un chasseur raconte son safari à un copain :
— Un jour, je repère un tigre. Je pointe mon fusil, je tire, mais le fusil se grippe !
— Et le tigre ?
— Attends ! Le tigre me voit et se met à courir dans ma direction. Je grimpe à un arbre et...
— Et le tigre ?
— Attends ! Je grimpe donc à l'arbre, m'assieds sur une branche, mais celle-ci se casse !
— Et le tigre ?
— Attends ! Elle se casse et je tombe au sol, face au tigre !
— Et le tigre ?
— Attends ! Je saute et me suspends à une branche en levant les jambes pour pas que...
— Et le tigre ?
— Hé ! Ho ! T'es de son côté ou du mien ?

Un couple de rêve

Un prisonnier demande à son compagnon de cellule :
— Tu sais à quoi ça ressemble, un détecteur de mensonges ?
— Oui, j'en ai épousé un...

Une petite avant de s'endormir

Comment fait-on les petits suisses ?
Comme les petits Français !

Labyrinthe

Saurez-vous trouver le chemin du sommeil ?

Sudoku

Complétez la grille de manière à ce que chaque ligne, chaque colonne et chaque carré de 3 × 3 contienne une seule fois les chiffres de 1 à 9.

				6	4	8	1	2
1	2	3	8			4	6	
6		8	2		5			
5		6				2		1
	9	4		8			5	3
8	1		6				9	4
4	8	1		3		9	2	
2	5	9		7		1		
				2				

Coin nuit

Notez ici ce que vous ne souhaitez pas oublier et qui pourrait vous empêcher de dormir : ....

....

....

....

Vos bonnes résolutions pour les jours à venir : ....

....

....

....

Histoire à dormir debout

Dans un cirque, le téléphone sonne. Le patron décroche et son interlocuteur prend la parole :
— Bonjour ! Je suis capable de résoudre des problèmes de mathématiques extrêmement difficiles ! Pourriez-vous m'engager dans votre cirque ?
— Pfff ! Non, cela n'intéressera personne, répond le patron du cirque qui lui raccroche au nez.
À l'autre bout du fil, déçu, le cheval raccroche son téléphone.

Un couple de rêve

Un homme mourant demande à sa femme :
— Dis-moi, quand je serai mort, est-ce que tu pleureras ?
— Mais oui ! Tu sais bien que je pleure pour un rien...

Ils nous endorment...

Quel système ont trouvé les Chinois pour faire le travail de cent hommes ?
Cinquante enfants...

Dans de beaux draps

Le juge demande à l'accusé :
— Avez-vous oui ou non traité cet agent de police de « gros con » ?
— Je ne sais pas, monsieur le Juge, je ne me souviens pas. Mais en le regardant, je me dis que c'est possible...

Qui dort dîne

Que dit un cannibale qui drague une fille ?
Tu es belle à croquer !

À méditer avant de s'endormir

Adam avait-il un nombril ?

Une mignonne pour faire de beaux rêves

Quel est le fromage préféré de la Première dame de France ?
Le président !

Prière du soir

Dans une église, un petit garçon tend un bouquet de fleurs à sa maman. Celle-ci s'étonne :
— Mais où as-tu pris ce bouquet ?
— Devant la Vierge, maman. T'inquiète pas, personne m'a vu !
— Et le bon Dieu ?
— Et merde... Je l'avais oublié, celui-là !

Une petite avant de s'endormir

Une femme débute la conduite accompagnée avec son mari. Ce dernier lui réexplique les principales règles de sécurité à observer :
— Quand le feu passe au rouge, tu t'arrêtes. Quand le feu est au vert, tu peux y aller. Et quand je deviens blanc, tu ralentis...

Cervelle en sommeil

Une blonde se rend chez un médecin.
— Passez dans la cabine et déshabillez-vous, lui ordonne le médecin.
Un moment plus tard, le médecin demande :
— Ça y est, vous êtes déshabillée ?
— Oui... Et vous ?

Un couple de rêve

Un homme dit à sa femme :
— Après m'être rasé le matin, j'ai la sensation de rajeunir de vingt ans ! J'ai la pêche toute la journée !
Et sa femme lui répond :
— Pourquoi tu ne te rases pas le soir ?

Histoire à dormir debout

Dans un bar, un Écossais attrape la mouche qui était tombée dans sa bière, puis la secoue violemment au-dessus de son verre en criant :
— Recrache ce que t'as bu !

Au lit les petits !

Une petite fille interroge sa maman :
— Dis, maman, si je suis sage, est-ce que j'aurai un mari pour quand je serai grande ?
— Mais oui, ma chérie...
— Et si je suis pas sage ?
— Eh bien, tu en auras plusieurs !

Message codé

Selon le principe des lettres de l'alphabet décalées et le code « tu es alité » (Tu es « A » lis « T »), déchiffrez cette phrase :

« Jnb whkm xm mhnchnkl lx kxihlx, g'xlm itl uhg t zktgw-vahlx. »

Proverbe rom

Réponse : ....
....
....

Boggle

Trouvez le maximum de mots de 4 lettres et plus !

....
....
....
....
....

Mot caché

PU I RE

Retrouvez les mots de cette liste pour découvrir le mot caché !

- axer
- bouche
- boxe
- cartable
- citron
- copine
- costaud
- erreur
- fines
- goutte
- mains
- pancarte
- parvenir
- patron
- petit
- serrer

e	h	c	u	o	b	b	o	x	e
t	e	r	i	n	e	v	r	a	p
r	n	m	n	n	p	a	c	s	u
a	i	a	o	o	e	a	c	e	g
c	p	i	r	r	r	s	o	r	o
n	o	n	t	t	r	e	s	r	u
a	c	s	a	i	e	n	t	e	t
p	p	b	p	c	u	i	a	r	t
i	l	a	x	e	r	f	u	e	e
e	e	t	i	t	e	p	d	r	e

Comptez les moutons pour vous endormir !

Nombre total de moutons : ....

Y a-t-il plus de moutons qui sautent vers la gauche ou bien vers la droite ?

Non mais je rêve

Une femme entre dans un ascenseur dans lequel se trouve déjà un homme. Au bout d'un moment, l'homme demande à la femme :
— Pourrais-je sentir votre petite culotte ?
Offusquée, la femme répond :
— Bien sûr que non ! Espèce de pervers !
— Alors, pardonnez-moi, ce doit être vos pieds...

Une petite avant de s'endormir

Comment brûler des centaines de calories en seulement quelques minutes ?
En laissant cramer le plat que l'on a dans le four !

Humour noir pour nuits blanches

Un homme entre dans une pharmacie et demande :
— Je voudrais quelque chose pour mon bébé qui pleure la nuit. Ses dents le font souffrir et il ne cesse de hurler.
— Le pauvre ! dit la pharmacienne. Tenez ! Vous lui donnerez cela, c'est homéopathique. Ça vous fera cinquante euros, s'il vous plaît.
— Cinquante euros ! Laissez tomber... Donnez-moi plutôt une boîte de boules Quies.

À méditer avant de s'endormir

Quel peut être le diamètre d'un cercle vicieux ?

Labyrinthe

Saurez-vous trouver le chemin du sommeil ?

Sudoku

Complétez la grille de manière à ce que chaque ligne, chaque colonne et chaque carré de 3 × 3 contienne une seule fois les chiffres de 1 à 9.

8	9			2	6			
			3	7			9	6
6		5		8	9			2
		3		6		7	1	
1		2	8		4	3	6	
	6			1		2		4
3	8	9	6		7	1	2	
	2	1				6		3
4			2	3	1	9	8	7

Coin nuit

Notez ici ce que vous ne souhaitez pas oublier et qui pourrait vous empêcher de dormir : ....

....

Chassez vos idées noires : ....

....

....

Non mais je rêve

Une femme a l'habitude de passer toutes ses soirées pendue au téléphone. Un soir, la conversation ne dure que trente minutes et son mari s'en étonne :
— Tiens ? Tu raccroches déjà ? Tu t'es disputée ?
— Non, je me suis trompée de numéro...

Un couple de rêve

Une femme annonce à son mari :
— J'ai recousu le trou que tu avais dans la poche de ta veste.
— Merci, chérie !
Le mari reste pensif un instant puis ajoute :
— Au fait, comment as-tu vu qu'il y avait un trou dans la poche de ma veste ?

Prière du soir

Quel est le comble pour un curé ?
C'est d'entrer dans une pâtisserie pour prendre une religieuse !

Une petite avant de s'endormir

Pourquoi les prêtres n'utilisent-ils pas de voiture pour se déplacer ?
Parce que les vêtements sacerdotaux...

Les berceuses pour enfants calment, réduisent leur fréquence cardiaque et apaisent leurs douleurs. Trouvez une âme charitable pour vous en chantonner une à l'oreille ! En voici plusieurs, histoire de changer de disque...

FAIS DODO, COLAS MON P'TIT FRÈRE

Fais dodo, Colas mon p'tit frère
Fais dodo, t'auras du lolo

Maman est en haut
Qui fait du gâteau
Papa est en bas
Qui fait du chocolat

Fais dodo, Colas mon p'tit frère
Fais dodo, t'auras du lolo

Ta sœur est en haut
Qui fait des chapeaux
Ton frère est en bas
Qui fait des nougats

Fais dodo, Colas mon p'tit frère
Fais dodo, t'auras du lolo

Ton cousin Gaston
Fait des gros bonbons
Ta cousine Charlotte
Fait de la compote

Fais dodo, Colas mon p'tit frère
Fais dodo, t'auras du lolo

DOUCE NUIT

Douce nuit, sainte nuit !
Dans les cieux ! L'astre luit.
Le mystère annoncé s'accomplit
Cet enfant sur la paille endormi
C'est l'amour infini !
C'est l'amour infini !

Saint enfant, doux agneau !
Qu'il est grand ! Qu'il est beau !
Entendez résonner les pipeaux
Des bergers conduisant leurs troupeaux
Vers son humble berceau !
Vers son humble berceau !

DO, DO, L'ENFANT DO

Do, do, l'enfant do,
L'enfant dormira bien vite.
Do, do, l'enfant do,
L'enfant dormira bientôt.

LE P'TIT QUINQUIN

Dors mon p'tit Quinquin, mon
p'tit poussin, mon gros raisin
Tu me feras du chagrin, si tu ne
dors point jusqu'à demain

Ainsi l'autre jour
une pauvre dentelière,
En berçant son petit garçon,
Qui depuis trois quarts d'heures
ne faisait que pleurer,
Tâchait de l'endormir
avec une chanson,
Elle lui disait « min narcisse,
Demain tu auras du pain d'épice,
Des bonbons à gogo, si tu es
sage et si tu fais dodo. »

Refrain

Et si tu me laisses faire
une bonne semaine,
J'irai chercher ton beau sarrau
Ton patalon de drap,
ton gilet de laine,
Comme un petit Milord
tu seras faraud !
Je t'achèterai, le jour
de la ducasse,
Un polichinelle cocasse
Un turlututu, pour jouer l'air
du chapeau pointu

Refrain

AU CLAIR DE LA LUNE

« Au clair de la lune,
mon ami Pierrot,
Prête-moi ta plume,
pour écrire un mot.
Ma chandelle est morte,
je n'ai plus de feu.
Ouvre-moi ta porte,
pour l'amour de Dieu. »

Au clair de la lune,
Pierrot répondit :
« Je n'ai pas de plume,
je suis dans mon lit.
Va chez la voisine,
je crois qu'elle y est,
Car dans sa cuisine,
on bat le briquet. »

Au clair de la lune,
s'en fut Arlequin
Frapper chez la brune.
Elle répond soudain :
« Qui frappe de la sorte ?
Il dit à son tour :
— Ouvrez votre porte,
pour le Dieu d'Amour ! »

Au clair de la lune,
on n'y voit qu'un peu.
On chercha la plume,
on chercha du feu.
En cherchant d'la sorte,
je n'sais c'qu'on trouva.
Mais je sais qu'la porte
sur eux se ferma.

Activité défoulatoire

Remplissez cet espace de tout petits cercles. Lorsque vous aurez terminé, comptez-les !

Sudoku

Complétez la grille de manière à ce que chaque ligne, chaque colonne et chaque carré de 3 × 3 contienne une seule fois les chiffres de 1 à 9.

7			4		1	8	6	
		8		5	7		4	1
3				8	9			2
	6	7	8	9		5	1	
			5	6	3		7	4
		5	1		4	6	2	8
8			7	2		1	9	
	7				5	2		
		6		1	8	4	3	7

Message codé

Selon le principe des lettres de l'alphabet décalées et le code « tu es alité » (Tu es « A » lis « T »), déchiffrez cette phrase :

« Ex vhkil ztzgx t whkfbk xm e'xlikbm t oxbeexk. »

Proverbe oriental

Réponse : ....

Boggle

Trouvez le maximum de mots de 4 lettres et plus !

À méditer avant de s'endormir

Pourquoi les savons de couleur ont-ils une mousse blanche ?

Au lit les petits !

Un petit garçon demande à sa mère :
— Est-ce que tu les as connus, Adam et Ève ?
— Bien sûr que non ! Ils sont beaucoup trop vieux !
— Ah ! Alors je vais demander à mémé…

Non mais je rêve !

Alors qu'il raccompagnait sa belle-mère chez elle, un homme a un accident de voiture sans gravité. Quand il descend de la voiture pour constater les dégâts, sa belle-mère se met à hurler :
— Non mais ! Vous n'allez pas me laisser ici à demi-morte ?!
Et le gendre lui répond :
— Oh vous ! Vous faites toujours les choses à moitié !

Cervelle en sommeil

À la sortie d'une salle de cinéma, un journaliste interroge une blonde :
— Ne pensez-vous pas qu'il y a trop de sexe et de violence au cinéma ?
— Euh… non. Moi, j'suis toujours au premier rang, alors je ne vois pas ce que les autres font derrière moi !

Une mignonne pour faire de beaux rêves

Une poule se réveille au chant du coq.
— Bonjour, mon coq ! Ce que j'ai bien dormi... Quelles sont les nouvelles, ce matin ?
— Attends ! répond le coq. Je consulte le canard !

À méditer avant de s'endormir

Pourquoi serrer les fesses au moment où le dentiste vous pique avec la seringue ?

Un couple de rêve

Le témoin de mariage murmure à l'oreille du marié :
— Qu'est-ce que tu lui trouves, à ta femme ? Elle est grosse, elle est chauve, elle est non-voyante...
Et le marié lui répond :
— Tu peux parler à voix haute, elle est sourde !

Au lit les petits !

Un enfant assiste à un mariage. Il voit la mariée entrer au bras de son père puis ressortir un peu plus tard en tenant la main de son mari.
— T'as vu ? dit-il à sa mère. Elle a changé d'avis !
— Comment ça ?
— Ben... elle est entrée avec un vieux et elle ressort avec un jeune !

Comptez les moutons pour vous endormir !

Nombre total de moutons : ....

Y a-t-il plus de moutons qui bêlent ou de moutons qui ne bêlent pas ?

Une petite avant de s’endormir

Quel point commun y a-t-il entre un parachute et l’humour ?
Quand on n’en a pas, on s’écrase !

Humour noir pour nuits blanches

Des gars complètement bourrés pénètrent dans un cimetière afin de vandaliser quelques tombes. Soudain, ils perçoivent un bruit de martèlement. Pas rassurés, les voyous cherchent à découvrir d’où provient cet étrange bruit. Ils finissent par distinguer une silhouette noire, courbée au-dessus d’une tombe. Le plus courageux d’entre eux casse alors une bouteille de bière et s’approche de la silhouette en tenant fermement le tesson à la main.
— Eh ! Vous... vous faites quoi ?
Un vieillard lui répond :
— Je grave la tombe...
— Ha ! Ha ! Oh, le vieux, tu nous as foutu la trouille ! On croyait que t’étais un fantôme !
— ... ces idiots ont fait une faute d’orthographe à mon nom !

Cervelle en sommeil

Une blonde se plante devant un miroir, les yeux fermés.
— Que fais-tu ? lui demande une amie.
— Je voulais voir la tête que j’avais quand je dors...

Labyrinthe

Saurez-vous trouver le chemin du sommeil ?

Message codé

Selon le principe des lettres de l'alphabet décalées et le code « tu es alité » (Tu es « A » lis « T »), déchiffrez cette phrase :

« Jnb t et kéinmtmbhg wx lx exoxk mnm ixnm whkfbk cnljn't wbgxk. »

Proverbe belge

Réponse : ....

....

Coin nuit

Notez ici ce que vous ne souhaitez pas oublier et qui pourrait vous empêcher de dormir : ....

....

....

Quels furent vos plus beaux rêves ? ....

....

....

Une mignonne pour faire de beaux rêves

Un petit hérisson rentre chez lui avec son carnet de notes. Il le tend à son père en lui disant :
— Je te préviens, papa, tu vas encore te mettre en boule !

Un couple de rêve

Un type se rend au commissariat pour signaler la disparition de sa femme.
— Elle a disparu depuis deux jours.
— Quel est son signalement ?
— Elle a une jambe de bois, elle est très grosse, elle n'a plus de dents, elle est borgne...
— Ah... Et vous souhaitez qu'on la retrouve ?

Cervelle en sommeil

Une blonde se rend chez son médecin et lui dit :
— Mon vélo tousse, il doit avoir une bronchite !
— Ah ? fait le médecin. Et vous, comment vous sentez-vous en ce moment ?
— Ben... De temps en temps, j'ai l'impression que je déraille.

À méditer avant de s'endormir

De quelle couleur devient un caméléon lorsqu'il se regarde dans un miroir ?

Non mais je rêve !

Une vieille fille téléphone au commissariat :
— Venez vite, deux hommes ont pénétré chez moi ! Si vous pouviez venir en mettre un dehors...

Une petite avant de s'endormir

Quelle est la devise des infirmières ?
Je panse, donc j'essuie.

Au lit les petits !

Un père divorcé cuisine un lapin en sauce à ses deux jeunes enfants qu'il reçoit pour le week-end. À table, le petit garçon s'inquiète de savoir ce qu'il mange :
— Dis, papa, qu'est-ce c'est qu'on mange ?
— Ah, ça... c'est un secret, dit le papa. La seule chose que je peux te dire, c'est qu'avant, ta maman m'appelait comme ça...
La petite sœur recrache alors tout dans son assiette et lance à son frère :
— Crache vite, c'est du trou du cul !

Chuuuuut !

Pourquoi y a-t-il plus de baptêmes que de mariages en Sicile ?
Parce qu'il y a plus de parrains que de témoins !

Un couple de rêve

Un type appelle le commissariat :
— Allô ? C'est monsieur Martin. Je suis passé ce matin pour vous signaler la disparition de ma femme.
— Oui, je me souviens. Vous l'avez retrouvée ?
— Non, mais vous pouvez abandonner les recherches. J'ai réfléchi !

À méditer avant de s'endormir

Pourquoi les livreurs de pizza arrivent-ils plus vite à la maison qu'une ambulance ?

Humour noir pour nuits blanches

Un chirurgien demande à un jeune collègue :
— Alors, cette opération que je t'ai confiée ? Tu t'en es bien sorti ?
— Quoi ?! Ce n'était pas une autopsie ?

Cervelle en sommeil

Une blonde se rend chez un psychiatre et lui annonce :
— En fait, je viens pour ma fille... Elle se prend pour une poule ! Que dois-je faire ?
— Le mieux, répond le psychiatre, c'est de me l'amener afin que je parle avec elle.
— D'accord ! répond la blonde. Faut-il aussi que je vous amène les œufs ?

Sudoku

Complétez la grille de manière à ce que chaque ligne, chaque colonne et chaque carré de 3 × 3 contienne une seule fois les chiffres de 1 à 9.

1		5		7	2		4	8
9		4		6	8		3	7
		8				5		2
	7					8	5	
6		1		8	3	2		4
	8	2		4	5	7	6	1
2		7	6			3		5
5			8		7		2	
8	9	3	2	5		1	7	

Kalkultou

Trouvez les chiffres manquants en résolvant toutes les opérations.

4	+		-	3	-		=	2
+		-		-		+		-
	-	2	+		-	3	=	1
-		+		+		-		+
3	+		+	3	-		=	7
+		-		+		-		-
2	+	2	+		-	2	=	2
=		=		=		=		=
7	-	5	+	4	-	0	=	6

Message codé

Selon le principe des lettres de l'alphabet décalées et le code « tu es alité » (Tu es « A » lis « T »), déchiffrez cette phrase :

« Mxe xlm tllbl jnb gx kxihlx itl, mxe xlm tn ebm jnb gx whkm itl. »

Proverbe français

Réponse : ....

....

Boggle

Trouvez le maximum de mots de 4 lettres et plus !

....

....

....

....

....

Comptez les moutons pour vous endormir !

Nombre total de moutons : ....

Deux moutons ne sont pas dans le sens du troupeau... Lesquels ?

Histoire à dormir debout

Un type explique à un copain combien son chien est extraordinaire : il suffit de lui donner un peu d'argent pour qu'il aille immédiatement acheter le pain !
— Sans blague ! Je peux essayer ? demande le copain.
— Bien sûr !
Le copain met de l'argent dans la gueule du chien et ce dernier part aussitôt.
— Combien lui as-tu donné ? demande le maître du chien.
— Un billet de vingt euros.
— Hein ! T'es fou ? Avec vingt euros, il va encore aller au cinéma !

À méditer avant de s'endormir

Pourquoi la Lune n'a-t-elle pas de raie ?

Un couple de rêve

Une femme se plaint auprès du docteur de la famille :
— Mon mari n'arrête pas de parler en dormant ! Ça dure toute la nuit, je ne parviens plus à dormir ! Que dois-je faire ?
— Laissez-le parler un peu pendant la journée...

Une petite avant de s'endormir

Une cane fâche son caneton qui faisait une grosse bêtise :
— Si ton père te voyait, il se retournerait dans sa sauce !

Activité défoulatoire

Noircissez cette grille un carreau sur deux !

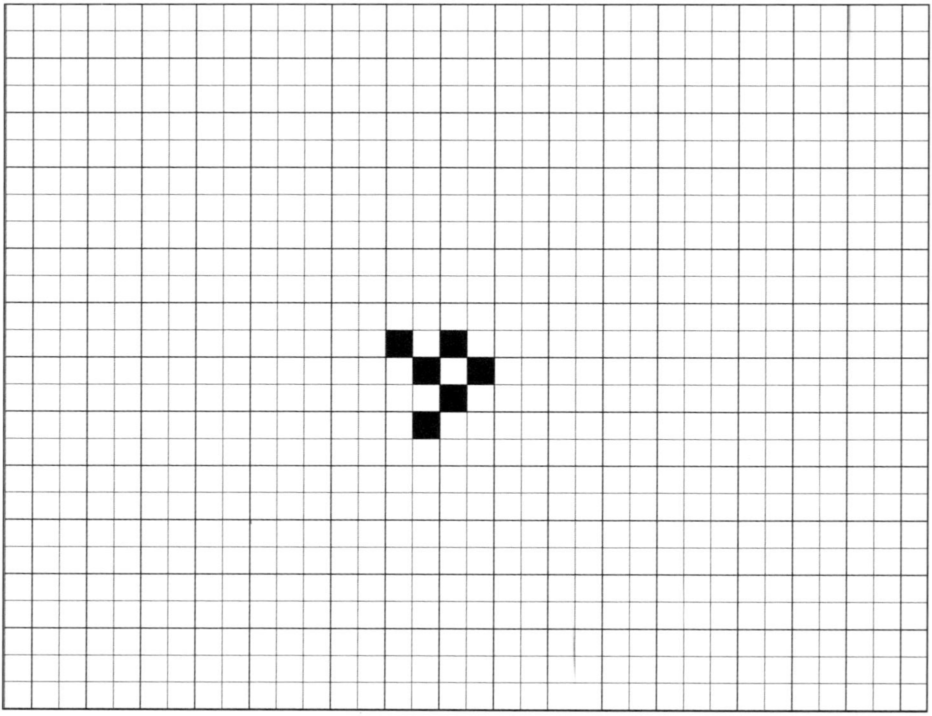

Message codé

Selon le principe des lettres de l'alphabet décalées et le code « tu es alité » (Tu es « A » lis « T »), déchiffrez cette phrase :

« Jnb gx ixnm itl whkfbk mkhnox lhg ebm fte ytbm.»

Proverbe chinois

Réponse : ....

....

....

....

Coin nuit

Notez ici ce qu
vous ne souhaitez pa
oublier et qui pourrait vou
empêcher de dormir : ....

....

....

....

Quels ont été les bons moment
les choses positives des journée
passées ? ....

....

....

À méditer avant de s'endormir

Sachant qu'un chat retombe toujours sur ses pattes et qu'une tartine beurrée retombe toujours du côté du beurre, de quel côté retomberait une tartine attachée sur le dos d'un chat ?

Au lit les petits !

La maîtresse décline le verbe « partir » à la forme négative :
— Je ne pars pas, tu ne pars pas, il ne part pas, nous ne partons pas, vous ne partez pas... Quelqu'un peut-il décliner ce verbe à la forme affirmative ?
— Moi, m'dame ! dit Toto.
— Je t'écoute...
— On reste ici !

Humour noir pour nuits blanches

Comme tous les jours, deux potes se retrouvent dans un bar.
— Tiens, dit l'un, tu bois ton Armagnac dans un verre à bière ?
— Oui, j'ai vu mon docteur, hier. Il m'a dit que si je continuais, les petits verres allaient me tuer !

Une petite avant de s'endormir

Pourquoi met-on une selle à un cheval ?
Parce qu'il ne peut pas le faire tout seul !

À méditer avant de s'endormir

Pourquoi les femmes qui se mettent du mascara ouvrent-elles systématiquement la bouche ?

Un couple de rêve

Un médecin examine un patient, puis lui dit :
— Vous êtes tout simplement beaucoup trop stressé. Si vous voulez un bon conseil, le soir, il ne faut jamais vous coucher avec vos soucis !
— Bien, mais… que dira ma femme si je lui demande d'aller dormir sur le canapé ?

Alité

Un chirurgien engueule un interne :
— Qu'est-ce que je viens d'apprendre ? Vous avez dit au patient de la chambre 208 qu'on allait l'amputer des deux jambes ?
— Oui, c'est exact ! fait l'interne.
— Et alors ? C'est inadmissible !
— Mais c'était juste une blague pour le faire marcher !

Une petite avant de s'endormir

Quel point commun y a-t-il entre un homme et un cafard ?
Ils n'entrent dans la cuisine que pour voir ce qu'il y a à bouffer.

Une petite avant de s'endormir

Comment un caribou fait-il crac-crac avec un renne ?
En prenant son élan !

Histoire à dormir debout

Un type super baraqué entre dans un bar et lance :
— Y a quelqu'un qui s'appelle Antoine dans le bar ?
— Moi ! C'est moi ! répond un gars au comptoir en levant le doigt.
Le type s'approche de lui, lui pète la gueule, puis s'en va. Alors qu'il a le visage en sang et qu'un ami l'aide à se relever, le patron du bar dit au client :
— Il vous a bien eu, hein !
Et il lui répond :
— Ha ! Ha ! C'est moi qui l'ai bien eu ! Je m'appelle Jérôme !

À méditer avant de s'endormir

Peut-on avoir le moral dans les chaussettes lorsqu'on se promène pieds nus ?

Une mignonne pour faire de beaux rêves

Deux poissons se croisent dans un bocal.
— L'eau est froide aujourd'hui, non ? Il fait un froid de calmar !
— Tu as raison, j'ai la chair de moule !

Labyrinthe

Saurez-vous trouver le chemin du sommeil ?

Boggle

Trouvez le maximum de mots de 4 lettres et plus !

....

....

....

....

Kalkultou

Trouvez les chiffres manquants en résolvant toutes les opérations.

0	+		-	2	-		=	1
+		-		-		+		-
	-	4	+		-	9	=	1
-		+		+		-		+
4	+		+	4	-		=	7
+		-		+		-		-
5	+	2	+		-	5	=	4
=		=		=		=		=
8	-	5	+	1	-	1	=	3

Message codé

Selon le principe des lettres de l'alphabet décalées et le code « tu es alité » (Tu es « A » lis « T »), déchiffrez cette phrase :

« Ghnl wxohgl whkfbk ihnk whggxk tllxs wx ietvx tn kxox. »

Xkbd Hklxggt

Réponse : ....

....

Non mais je rêve !

Toto se rend chez le charcutier et lui demande :
— Vous avez des oreilles de cochon ?
— Oui.
— Et des pieds de porc ?
— Oui.
— Et vous entendez bien ? Vous marchez sans problème ?

Un couple de rêve

Une femme s'étonne de constater que son amie ne porte pas son alliance à l'annulaire :
— Mais, lui demande-t-elle, pourquoi tu ne portes plus ton alliance au bon doigt ?
— Parce que, finalement, ce n'est pas le bon mari...

À méditer avant de s'endormir

Mais combien mesurent ceux qui ont la tête dans la lune ?

Prière du soir

Un homme se présente face à saint Pierre, qui lui demande :
— Bonjour, quelle était votre profession ?
— J'étais médecin...
— Ah, très bien ! Prenez la première porte à droite. C'est celle des fournisseurs...

Une petite avant de s'endormir

Pourquoi les coqs chantent-ils si tôt ?
Parce c'est le seul moment de la journée où ils peuvent se faire entendre. Après, les poules se réveillent...

Histoire à dormir debout

Dans un cirque, à la fin d'une représentation, un spectateur contourne le chapiteau pour rejoindre les caravanes des artistes et demander un autographe au nain. L'homme cherche partout, mais ne trouve pas l'artiste. Il demande finalement au trapéziste, qui lui indique la caravane du petit homme. Le spectateur frappe à la porte et un type d'au moins deux mètres lui ouvre.

— Heu... Excusez-moi, dit le spectateur, je cherchais le nain pour lui demander un autographe. J'ai dû me tromper de caravane...

— Non ! fait le géant. C'est bien moi.

— Vous ? Le nain ? Mais...

— Eh bien quoi ?! Je peux bien me détendre un peu, non ?

Cervelle en sommeil

Une brune dit à une blonde :

— Cette année, je prendrai mes vacances à cheval sur juillet et août.

Et la blonde lui répond :

— Ah ? Moi aussi, mais en voiture.

Comptez les moutons pour vous endormir !

Nombre total de moutons : ....

Cinq moutons n'ont qu'une seule oreille. Où sont-ils ?

Un couple de rêve

Comment s'appelle le fait d'épouser plusieurs femmes ?
La polygamie.
Comment s'appelle le fait d'épouser deux femmes ?
La bigamie.
Et comment s'appelle le fait d'épouser une seule femme ?
La monotonie.

Qui dort dîne

Une bourgeoise téléphone à son médecin de famille :
— Je regrette beaucoup que vous n'ayez pas pu venir samedi soir à notre dîner et ainsi profiter de cette merveilleuse soirée que nous organisions pour nos amis !
— Soyez rassurée, j'en profite, j'en profite... Déjà huit de vos convives sont venus me consulter pour des problèmes gastriques !

Au lit les petits !

Une maîtresse demande à sa classe :
— « J'aime. » Quel est ce temps ?
Un élève lève le doigt et répond :
— C'est du temps perdu, madame !

Une petite avant de s'endormir

Pourquoi les peintres d'art moderne signent-ils leurs tableaux en bas à droite ?
Pour que l'on sache dans quel sens il faut l'accrocher.

Sudoku

Complétez la grille de manière à ce que chaque ligne, chaque colonne et chaque carré de 3 × 3 contienne une seule fois les chiffres de 1 à 9.

	4	8			1	6	2	
1		7			4	8		
	2	6		9		5		
8		4	9	7		2	6	
7	6		1	3	8	9		
5		1				7		
4	7	9			3			
				1			7	2
2			7		6	3	8	9

Kalkultou

Trouvez les chiffres manquants en résolvant toutes les opérations.

3	+	2	-		+	6	=	4
-		+		+		-		-
4	+		-	1	+		=	8
+		-		-		+		+
	-	4	+		+	4	=	3
+		+		-		+		+
1	-		+	7	-		=	1
=		=		=		=		=
2	+	7	-	0	-	9	=	0

Boggle

Trouvez le maximum de mots de 4 lettres et plus !

....

....

....

....

T U L B
F E S C
Q S U A

Coin nuit

Notez ici ce que vous ne souhaitez pas oublier et qui pourrait vous empêcher de dormir : ....

....

....

Ce qui vous a énervé ces derniers jours : ....

....

Histoire à dormir debout

Une vieille femme de quatre-vingt-dix ans qui en a marre de la vie s'empare du pistolet de son défunt mari pour se tirer une balle dans le cœur. Elle applique alors le canon du pistolet juste en dessous de son sein gauche et tire... Résultat : elle s'est fait exploser le genou !

Une petite avant de s'endormir

Quel est le comble pour un kangourou ?
C'est d'avoir des poches sous les yeux.

Un couple de rêve

Alors que le curé sermonne l'assemblée réunie dans l'église, le diable en personne surgit derrière lui ! L'assistance se lève d'un bond et sort de l'église en hurlant de terreur. Le curé se retourne, découvre le diable, et fuit à son tour en hurlant. Seul un homme reste paisiblement assis. Le diable s'approche de lui.

— Tiens, pourquoi n'as-tu pas peur de moi ? lui demande le diable.

— Oh vous savez, moi, je suis marié depuis cinquante ans !

À méditer avant de s'endormir

À partir de quelle heure doit-on dire « bonsoir » ?

Au lit les petits !

La maîtresse interroge Toto :
— Sais-tu ce qu'est la légitime défense ?
— Je crois, oui... Est-ce que c'est quand je suis obligé de signer moi-même mon carnet parce que mes notes sont trop mauvaises ?

À méditer avant de s'endormir

Pourquoi « séparé » s'écrit-il en un mot et « tous ensemble » en deux mots séparés ?

Dans de beaux draps

Deux prisonniers racontent leurs exploits :
— J'ai pris dix ans de prison simplement pour avoir écrasé un petit poulet qui traversait la route !
— Dix ans pour un poulet ?
— Oui ! Mais c'était un brigadier-chef !

Fermons les yeux

Un homme dit à sa femme :
— Aux infos, ils ont dit que les femmes prononçaient plus de mots par jour que les hommes !
— Normal ! répond sa femme. Faut toujours vous expliquer les choses deux fois !
— Quoi ?

Qui dort dîne

Qu'est-ce qu'un cannibale ?
Quelqu'un qui aime son prochain...

Une petite avant de s'endormir

Quel point commun y a-t-il entre un chien et un pâtissier ?
Ils lèvent la pâte.

Qui dort dîne

Les occupants d'un car investissent un restaurant. L'un d'eux se présente au restaurateur :
— Bonjour, je suis le docteur André de l'Hôpital Psychiatrique Sainte-Anne. Les personnes qui se sont attablées sont toutes déficientes mentalement. À la fin du repas, il est possible qu'ils souhaitent vous régler en capsules de soda. C'est tout à fait normal. Faites comme si de rien n'était et venez me voir. Je règlerai pour tout le monde !
À la fin du repas, le restaurateur se laisse payer en capsules de soda, puis va voir le docteur André pour lui présenter la note du groupe. Le docteur cherche alors au fond de son sac et demande :
— Vous auriez de la monnaie sur un enjoliveur ?

À méditer avant de s'endormir

Peut-on se dire les choses entre quatre yeux avec un borgne ?

Labyrinthe

Saurez-vous trouver le chemin du sommeil ?

Activité défoulatoire

Servez-vous des carreaux pour reproduire ce chien de manière inversée.

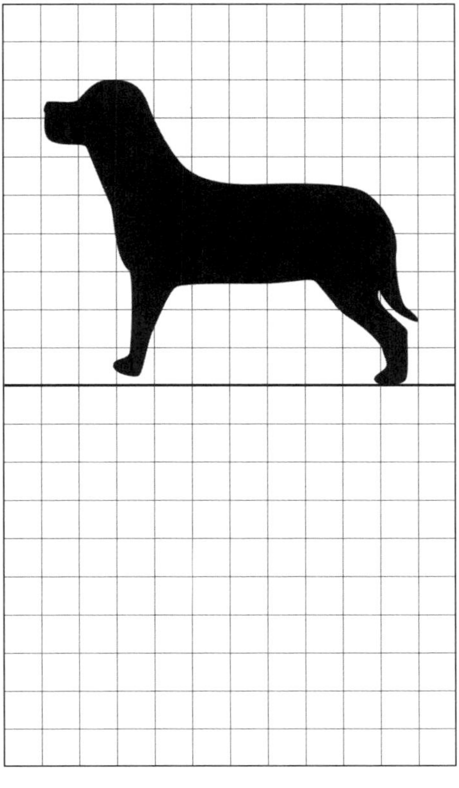

Message codé

Selon le principe des lettres de l'alphabet décalées et le code « tu es alité » (Tu es « A » lis « T »), déchiffrez cette phrase :

« Xlm-vx jnx exl ablmhbkxl jnx ohnl ktvhgmxs gx ohnl xfixvaxgm itl wx whkfbk ?

— lb, ftbl vhffx vx lhgm wxl ablmhbkxl t whkfbk wxuhnm, cx kxvnixkx ! »

Ktrfhgw Wxohl

Réponse : ....

....

....

....

....

....

....

....

....

....

Comptez les moutons pour vous endormir !

Nombre total de moutons : ....

Deux moutons bêlent. Lesquels ?

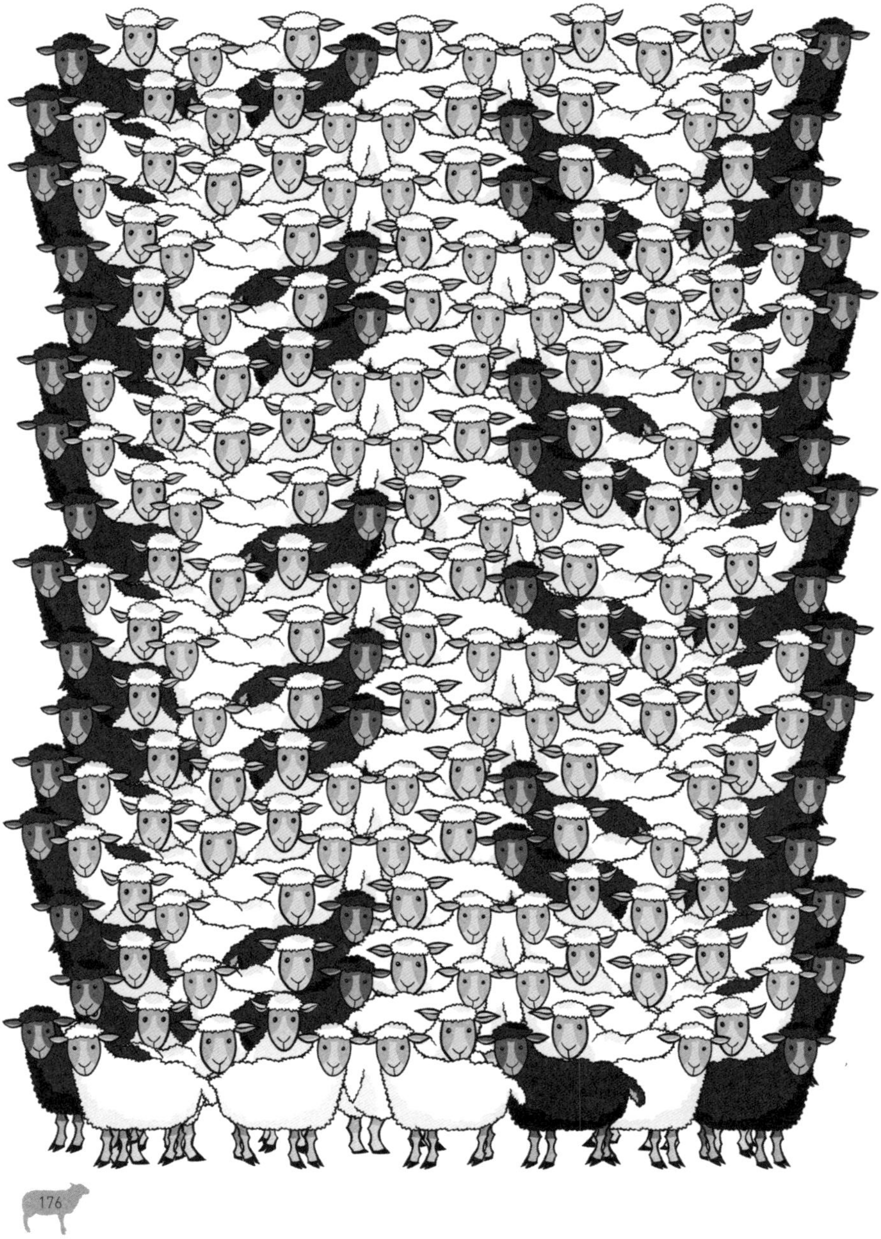

Une dose de rire

Un couple de rêve

Un couple voyage en voiture et se fait la tête depuis le départ. Alors qu'ils passent devant un champ où se trouvent des ânes, le mari dit à sa femme :
— Tiens, de la famille à toi ?
— Oui, enfin… par alliance !

Une petite avant de s'endormir

Que pourrait-on produire en accouplant un hérisson avec un ver de terre ?
Du fil de fer barbelé.

Au lit les petits !

Toto ramène son devoir de mathématiques à la maison. Sa mère constate qu'il a encore eu une très mauvaise note :
— Comment expliques-tu cette mauvaise note ? Tu étais encore loin de la bonne réponse ? lui demande-t-elle.
— Oui, à quatre rangées devant moi !

À méditer avant de s'endormir

Il faut garder la tête sur les épaules. Mais franchement, qui s'est déjà amusé à l'enlever ?

Dans de beaux draps

Aux États-Unis, un homme est conduit à la chaise électrique.
— Où m'emmenez-vous ?! hurle le condamné.
— Ne t'inquiète pas, tu seras vite au courant…

d	r	a	n	a	c	m	j	j	c
s	e	r	b	r	a	a	a	r	f
a	r	h	a	m	r	u	s	u	o
l	e	m	a	d	n	e	i	e	r
g	v	n	i	e	v	r	b	d	t
r	a	n	x	u	a	e	p	o	e
e	r	g	a	n	a	c	h	e	s
v	g	h	a	s	i	r	u	o	s
r	c	c	v	o	i	s	i	n	s
s	e	l	l	i	u	e	f	e	s

CHAM

Mot caché

Retrouvez les mots de cette liste pour découvrir le mot caché !

arbres	jardin
canard	jaune
canari	maman
chauves	odeur
feuilles	peaux
fortes	souris
ganache	verglas
graver	voisins

Sudoku

Complétez la grille de manière à ce que chaque ligne, chaque colonne et chaque carré de 3 × 3 contienne une seule fois les chiffres de 1 à 9.

7		2	8		9			1
	1				4	7		
			5	1				
2		5	4					
	7		6	2	5	4		
3	8		7		1		5	6
	4						1	
8	9	7			2		6	
6	2	1			8	5		9

Coin nuit

Notez ici ce que vous ne souhaitez pas oublier et qui pourrait vous empêcher de dormir : ....

....

....

Quel est votre type d'oreiller préféré ? ....

....

....

Non mais je rêve !

Un père fait la morale à son adolescente de fille :
— Tu crois qu'à ton âge, ta mère avait besoin de tous ces vêtements hors de prix et de tous ces produits que tu te mets sur la figure, hein ?
— J'sais pas, mais quand je vois le résultat, j'me dis qu'elle aurait dû !
— Quoi ? Quel résultat ?
— Ben... le mec qu'elle a trouvé et épousé...

Un dernier avant d'aller se coucher

Deux alcooliques discutent au comptoir d'un bar :
— Qu'est-ce qu'elle va te dire, ta femme, quand tu vas rentrer bourré ?
— Rien ! J'ai pas de femme...
— Ah ? Mais alors, pourquoi qu'tu picoles ?

Un couple de rêve

Un couple se dispute :
— Comment Dieu a-t-il pu créer une créature aussi bête que toi ?! hurle le mari.
— Mais certainement pour que je puisse te trouver attirant, mon amour...

À méditer avant de s'endormir

Un disque dur vierge est-il plus léger qu'un disque dur plein ?

Deux doses de rire

À méditer avant de s’endormir

Plus je roule vite, moins je passe de temps sur la route, donc moins j’ai de chance d’avoir un accident ?

Au lit les petits !

La maîtresse n’est pas contente.
— Toto, je t’avais demandé de me recopier cent fois « Je n’oublierai plus de faire mes résumés à la maison », et tu ne l’as recopié que dix fois !
— Bah oui, m’dame ! J’ai résumé...

Cervelle en sommeil

Une petite fille blonde revient de l’école avec un zéro. Elle annonce à sa maman, qui elle aussi est blonde :
— Maman ! J’ai eu un point en moins parce que je n’ai pas su situer le col du fémur !
— Ce n’est pas bien grave, répond sa mère, moi aussi je suis nulle en géographie !

Une petite avant de s’endormir

Comment distingue-t-on un hérisson d’une brosse ?
On les met l’un à côté de l’autre et celui qui grimpe sur l’autre... c’est le hérisson !

Dans tes rêves

Une femme dit à son mari :
— Tu as vu notre voisin ? Tous les matins, avant de partir, il embrasse sa femme ! Ne penses-tu pas que tu pourrais en faire autant ? Hein !
— Si, avec plaisir ! répond le mari. Mais... Tu ne vas pas être jalouse si je l'embrasse tous les matins ?

Une petite avant de s'endormir

Quel est le plat préféré du Père Noël ?
Les hotte-dogs.

Histoire à dormir debout

Un avocat fait sa plaidoirie :
— Monsieur le Juge, lorsque vous mettez une pièce dans la fente d'un distributeur de boisson et qu'il en tombe une canette, à qui est cette canette ? À vous ou bien au distributeur ?
— À moi, de toute évidence ! répond le juge.
— Ah ! fait l'avocat. Donc, l'enfant appartient bien à mon client.

Un couple de rêve

Un couple se dispute :
— Ça fait quinze ans que nous sommes mariés et je crois que pas une fois, en quinze ans de mariage, tu n'as été d'accord avec moi ! reproche le mari.
— Tu as tort, répond la femme. Nous sommes mariés depuis seize ans.

Sudoku

Complétez la grille de manière à ce que chaque ligne, chaque colonne et chaque carré de 3 × 3 contienne une seule fois les chiffres de 1 à 9.

	9				3		6	
4	1			7				
3	8	5	2			1	9	
	3	4			2			
		8		3		4		9
				8	5	3	2	1
			6	2				
	5		9	4	1		7	
9		1		5	8		4	2

Kalkultou

Trouvez les chiffres manquants en résolvant toutes les opérations

9	-		+	3	-	2	=	8
+		-		-		+		+
	-	5	+		-	3	=	5
-		+		+		-		-
4	-		+	2	+		=	5
-		-		+		-		-
	+	0	-		+	2	=	2
=		=		=		=		=
5	-	1	+	2	+	0	=	6

Message codé

Selon le principe des lettres de l'alphabet décalées et le code « tu es alité » (Tu es « A » lis « T »), déchiffrez cette phrase :

« E'bfuxvbex whkm mhnmx lt obx, be gx lx kxoxbeex jnx ex chnk wx lt fhkm. »

Proverbe chinois

Réponse : ....

....

....

....

Boggle

Trouvez le maximum de mots de 4 lettres et plus !

....

....

....

....

....

Histoire à dormir debout

Un fou pêche dans un seau d'eau. Le directeur de l'asile lui demande :

— Que faites-vous ?

— Je pêche la baleine !

— Ah ? Et vous en avez attrapé beaucoup ?

— Non mais vous n'êtes pas un peu zinzin ? Des baleines dans un seau d'eau...

Au lit les petits !

La maîtresse demande :

— Qui peut me dire où se trouve Bordeaux ?

Le petit Toto répond :

— Dans la cave de mon père, m'dame !

À méditer avant de s'endormir

Lorsque je me gaufre, est-ce que je risque d'être recouvert de sucre glace ou de Nutella ?

Un dernier avant d'aller se coucher

Deux piliers de bar discutent :

— En ce moment, ça ne va pas très bien avec ma femme...

— Ah ?

— Oui, elle fait tous les bars de la ville !

— Merde... Elle est devenue alcoolique ?

— Non, elle me cherche.

À méditer avant de s'endormir

Quand on se fait photographier aux côtés de Mickey ou de tout autre personnage d'un parc d'attractions, le type qui est à l'intérieur sourit-il ?

Un couple de rêve

Un homme vient se rendre au commissariat.
— Arrêtez-moi ! Mettez-moi vite en prison ! Je viens de tirer sur ma femme.
— Vous avez tiré sur votre femme ?
— Oui ! Et après, je l'ai poignardée ! Mettez-moi vite en prison, s'il vous plaît !
— Elle est morte ?
— Parce que vous croyez que si elle était morte, je serais venu me réfugier ici ?

Une petite avant de s'endormir

Que fait un policier qui tombe dans l'eau ?
Flic !

Non mais je rêve !

Dans un métro parisien, une dame se lève pour descendre au prochain arrêt. Un type reste planté devant la porte.
— Vous descendez ? lui demande la dame pour lui signifier qu'elle s'apprête à descendre.
— Non, jamais entre deux stations !
— Pfff ! C'est malin !
— Non, c'est prudent !

Comptez les moutons pour vous endormir !

Nombre total de moutons : ....

Deux chiens de berger sont nécessaires pour garder ce troupeau. Où sont-ils ?

Prière du soir

Un groupe de pèlerins est reçu par le pape. Chacun a pour consigne de se présenter à lui en déclamant son prénom en latin avant que le Saint-Père ne les embrasse sur le front et ne les bénisse. Le premier, Marc, se présente au pape :
— Marcus...
Le pape l'embrasse sur le front et le bénit. Un deuxième pèlerin, Laurent, se présente :
— Laurus...
Le pape l'embrasse sur le front et le bénit. Puis un troisième pèlerin, Alain, s'avance :
— Alanus...
— Ah non ! s'écrit le pape. Sur le front, comme tout le monde !

Cervelle en sommeil

Dans un bus, une femme regarde une blonde avec insistance.
— À quoi pensez-vous en me regardant ? finit par lui demander la blonde.
— Je pense que j'ai oublié d'acheter de l'andouille, lui répond la femme.

Une petite avant de s'endormir

Que font les vaches courageuses ?
Elles prennent le taureau par les cornes !

Labyrinthe

Saurez-vous trouver le chemin du sommeil ?

Sudoku

Complétez la grille de manière à ce que chaque ligne, chaque colonne et chaque carré de 3 × 3 contienne une seule fois les chiffres de 1 à 9.

				2				3
8		7		4	9		6	2
2	6			8			7	
			8	3	6		2	
7	1	8	9	5		3	4	6
	2	3	7			5		9
4		6		7		9		8
	8					6		
	7		3	6	8		5	

Coin nuit

Notez ici ce que vous ne souhaitez pas oublier et qui pourrait vous empêcher de dormir : ....

Chassez vos idées noires : ....

Un dernier avant d'aller se coucher

Deux types accoudés au comptoir ont une conversation :
— Alors ? Comment va la santé ? Tu devais faire un bilan chez ton médecin, non ?
— Oui... Il m'a conseillé de faire du sport.
— Qu'est-ce que tu vas faire comme sport ?
— J'ai déjà commencé ! Je fais des barres parallèles.
— C'est original...
— Pas tant que ça ! Je vais boire dans le bar d'en face, je viens ensuite dans ce bar, je repars dans le bar d'en face, je reviens dans celui-ci...

Une petite avant de s'endormir

Pourquoi la truite est-elle susceptible ?
Parce qu'elle prend facilement la mouche.

Fermons les yeux

Une mamie annonce fièrement à sa voisine :
— J'ai enfin réussi à faire perdre à mon mari sa sale habitude de se ronger les ongles !
— Et comment vous y êtes-vous pris ?
— Je lui ai caché son dentier !

À méditer avant de s'endormir

Pourquoi n'y a-t-il qu'au bar que l'on supporte la pression ?

Deux doses de rire

Une petite avant de s'endormir

Quelle différence y a-t-il entre un kangourou et une Mercedes ?
Essayez donc de vous asseoir dans un kangourou et vous verrez !

Histoire à dormir debout

Un routier s'arrête sur une aire de repos pour dormir un peu. Un automobiliste frappe à sa vitre et lui demande :
— Pardonnez-moi, vous connaissez la route qui va à Nice ?
Le chauffeur répond et se rendort. Quelques instants plus tard, un autre automobiliste frappe à sa vitre.
— Pardon, vous connaissez la route qui va à Nice ?
Le chauffeur explique de nouveau le trajet. À peine s'est-il rendormi qu'un troisième automobiliste frappe à sa vitre. Comme le routier est sympa, il explique encore le trajet, puis, sur une feuille de papier, il inscrit « Je ne connais pas la route qui va à Nice ! », colle la feuille sur sa vitre et se rendort paisiblement. Mais, quelques minutes après s'être endormi, un automobiliste frappe de nouveau à sa vitre !
Le routier se réveille et le type dehors lui crie :
— C'est très simple ! Vous n'avez qu'à suivre la N 85 et...

Cervelle en sommeil

Un Belge écrit une lettre à sa fiancée.
— Mais pourquoi écris-tu si lentement ? lui demande un copain.
— Elle est blonde, alors elle ne lit pas vite...

Au lit les petits !

La maîtresse demande à Toto :
— As-tu fait tes devoirs ?
— Non, m'dame !
— Je vais devoir le dire à ton père.
— Pas la peine, m'dame, il ne les fera pas non plus !

Une petite avant de s'endormir

Qu'est-ce qu'un dictionnaire ?
L'intelligence d'une femme avec l'épaisseur d'un homme.

Un couple de rêve

Une femme se réveille et raconte à son mari le mauvais rêve qu'elle vient de faire :
— Je suis crevée, j'ai mal dormi ! Toute la nuit, j'ai rêvé que je faisais du vélo !
— Moi aussi, je suis crevé ! répond le mari. Toute la nuit, j'ai rêvé que je faisais l'amour !
— Ah bon ? Avec moi, j'espère ! s'exclame sa femme.
— Toi ? Tu étais partie à vélo...

À méditer avant de s'endormir

Comment Donald peut-il avoir des neveux alors qu'il n'a ni frère ni sœur ?

Labyrinthe

Saurez-vous trouver le chemin du sommeil ?

Activité défoulatoire

« S'il te plaît, dessine-moi un mouton ! »

Message codé

Selon le principe des lettres de l'alphabet décalées et le code « tu es alité »
(Tu es « A » lis « T »), déchiffrez cette phrase :

« Jntgw ex itmkhg whkm, exl otexml kxoxgm. »

Proverbe suédois

Réponse : ....

....

Comptez les moutons pour vous endormir !

Nombre total de moutons : ....

De quel mouton ne voit-on pas la tête ?

Qui dort dîne

Une femme dit à sa nouvelle servante :
— Le petit déjeuner est à 7 h 45 précises. Soyez là à l'heure !
— Bien, madame. Mais si je suis en retard, ne m'attendez pas. Commencez à manger sans moi, je mange très peu le matin !

Histoire à dormir debout

Un type se rend chez le coiffeur. Pendant que ce dernier lui coupe les cheveux, il remarque qu'un chien reste assis à ses côtés à le regarder.
— C'est votre chien ? demande le client au coiffeur.
— Oui.
— Il me regarde. Qu'est-ce qu'il attend ?
— Ben... De temps en temps, une oreille tombe, il adore ça !

Un couple de rêve

Au cimetière, l'amant de la défunte pleure aux côtés du mari. Le mari dit alors à l'amant :
— Ne pleurez pas, je me remarierai...

Une petite avant de s'endormir

Quelle différence y a-t-il entre un poulet et un pigeon ?
Le premier met des PV, le second les paie.

Kalkultou

Trouvez les chiffres manquants
en résolvant toutes les opérations.

2	+		-	2	-		=	2
+		-		-		+		-
	-	4	+	5	-	6	=	0
-		+		+		-		+
2	+		+	3	-		=	4
+		-		+		-		-
3	+	1	+		-	4	=	0
=		=		=		=		=
8	-	1	+	0	-	1	=	6

Mot caché

Retrouvez les mots de cette liste
pour découvrir le mot caché !

bille
chatons
cheval
chien
engin
expliquer
gonfler
hurler
nouveau
paysan
redresser
ronfler
sang
signe
suite
visite

s	s	s	c	h	e	v	a	l	r
a	e	n	c	h	i	e	n	r	e
n	x	o	b	i	l	l	e	p	l
g	p	t	n	o	m	d	h	a	f
o	l	a	v	o	r	n	u	y	n
n	i	h	i	e	u	o	r	s	o
f	q	c	s	l	e	v	l	a	r
l	u	s	i	g	n	e	e	n	n
e	e	e	t	i	u	s	r	a	t
r	r	e	e	n	g	i	n	s	u

Coin nuit

Notez ici ce que vous ne souhaitez pas oublier et qui pourrait vous empêcher de dormir :

Pour vous, quel est le matelas idéal ?

Une dose de rire

Une petite avant de s'endormir

Qu'est-ce qui est marron, qui fait des bonds, qui a une poche et qu'on trouve dans l'Antarctique ?
Un kangourou qui ne sait pas lire une carte routière.

Au lit les petits !

Un enfant rend une feuille de dessin blanche à son instituteur.
— Mais je t'avais demandé de dessiner un troupeau de vaches qui broute l'herbe. Où est l'herbe ?
— Les vaches l'ont toute mangée, m'sieur !
— Et les vaches ?
— Ben… Comme il n'y avait plus d'herbe, elles sont toutes parties ailleurs !

Qui dort dîne

Des cannibales capturent un touriste. Le chef de la tribu lui demande :
— Quelle est votre profession ?
Le touriste lui répond :
— Je suis policier…
Et tous les membres de la tribu hurlent alors :
— J'veux le blanc de poulet ! J'veux le blanc de poulet !

À méditer avant de s'endormir

Ceux qui ne savent ni lire ni écrire trouvent-ils les nouilles en forme de lettres aussi bonnes ?

Une mignonne pour faire de beaux rêves

Quel est le doigt le plus libre ?
Celui qui est majeur.

Une petite avant de s'endormir

Un pigeon gris, un pigeon blanc et un pigeon roux sont dans un bateau. Les trois tombent à l'eau. Le pigeon gris et le pigeon blanc parviennent à rejoindre la terre ferme mais pas le pigeon roux. Pourquoi ?
Parce que le pigeon roux coule !

Qui dort dîne

Dans un restaurant...
— Garçon, s'il vous plaît ! Votre doigt trempe dans ma soupe.
— Mais, monsieur, il faut bien que j'empêche la mouche de remonter à la surface !

Humour noir pour nuits blanches

Une femme consulte sa voyante.
— Je vois... Je vois que vous allez traverser une longue et très douloureuse période, lui prédit la voyante.
— Ah... Mais après ?
— Après... vous vous y habituerez.

Un couple de rêve

Une femme est sur le point d'accoucher. Le mari est très nerveux et tient avec émotion la main de sa femme. Il lui dit :
— Si le bébé te ressemble, ce sera extraordinaire !
Et sa femme lui répond :
— Si le bébé te ressemble, ce sera un miracle !

Histoire à dormir debout

Un pharaon rédige ses mémoires. Son scribe s'affaire à graver sur des tablettes de pierre ce que le pharaon lui dicte :
— Je suis... le sixième... pharaon... d'Égypte. Ma virilité... a donné... naissance... à mon fils... et lorsque...
Le scribe qui grave le plus rapidement possible les hiéroglyphes a des difficultés à suivre. Il interrompt le pharaon :
— Pharaon ! Pardonnez-moi de vous interrompre mais « virilité », ça s'écrit avec une ou deux couilles ?

Cervelle en sommeil

Pourquoi les blondes accrochent-elles leur photo dans la salle de bain ?
Pour s'en servir de miroir...

À méditer avant de s'endormir

Ne faudrait-il pas que les histoires que l'on raconte aux enfants le soir soient à dormir debout ?

Labyrinthe

Saurez-vous trouver le chemin du sommeil ?

Message codé

Selon le principe des lettres de l'alphabet décalées et le code « tu es alité »
(Tu es « A » lis « T »), déchiffrez cette phrase :

« Ex ehni vhnvax gx ztzgx ihbgm wx ikhbx,
gb ex whkfxnk wx obvmhbkx. »

Proverbe norvégien

Réponse : ....

....

Boggle

Trouvez le maximum de mots de 4 lettres et plus !

....

....

....

....

Dans tes rêves

Dans un café, un homme aborde une fille pour la draguer :
— Bonjour ! Je peux t'offrir un verre de champagne ?
— Non, désolée, mes jambes ne le supporteraient pas !
— Ah, d'accord... L'alcool te fait gonfler les jambes ?
— Non, il les fait s'ouvrir !

Un couple de rêve

Un type raconte à sa femme sa journée au bureau :
— Tu ne devineras jamais ce qui est arrivé aujourd'hui !
— Quoi donc ?
— Mon collègue, Antoine, il a voulu rentrer chez lui pour déjeuner. Il voulait faire la surprise à sa femme, qui se plaint tout le temps de son absence. Et là, il a trouvé sa femme au lit avec un mec ! Eh bien, il a eu une crise cardiaque et il est mort !
— Mince !
— Oui ! Cocu, crise cardiaque, raide mort ! J'espère qu'un truc comme ça ne m'arrivera jamais...
— M'enfin non ! Tu n'es pas cardiaque, toi ?

À méditer avant de s'endormir

Pourquoi faut-il saler les poissons de mer ?

Une petite avant de s'endormir

Quel risque y a-t-il pour une poule à se disputer avec le coq ?
D'obtenir des œufs brouillés !

Histoire à dormir debout

Dans un grand magasin, au moment des soldes, une femme vêtue uniquement d'un chemisier et d'une petite culotte blanche arrive en courant à la caisse. Tout le monde se retourne et dévisage l'exhibitionniste. La femme demande à la caissière :
— On ne vous aurait pas rapporté une jupe avec deux enfants accrochés avec ?

Cervelle en sommeil

Une blonde annonce à une copine brune :
— C'est dingue ! Moi, je n'ai jamais eu de rhume de cerveau !
— Oui, tout comme les manchots n'ont jamais les doigts gelés…

Qui dort dîne

Quand les cannibales quittent-ils la table ?
Quand il n'y a plus personne à manger !

Une mignonne pour faire de beaux rêves

Une petite coccinelle se rend chez le docteur et lui demande :
— Est-ce que vous auriez quelque chose contre les points noirs ?

Une petite avant de s'endormir

Comment réduire de cinquante décibels le bruit que fait une voiture quand on roule ?
En supprimant le siège de la passagère !

Comptez les moutons pour vous endormir !

Nombre total de moutons : ....

De quel mouton ne voit-on pas la queue ?

Un dernier avant d'aller se coucher

Au stand d'une fête foraine, un type un peu bourré tire sur des ballons avec une carabine à air comprimé. Au bout d'une demi-heure, il gagne un lot : une tortue. Le type repart avec sa tortue et, une heure plus tard, revient faire une autre partie. Après avoir crevé quelques ballons supplémentaires, il gagne un nouveau lot. Le patron du stand lui donne à choisir entre une peluche et un arc en plastique. Le type lui demande :
— Vous n'auriez pas un sandwich, comme tout à l'heure ?

Qui dort dîne

Dans un grand restaurant, une blonde demande à son mari :
— Dis-moi, est-ce tu aimerais faire l'amour à trois ?
— Oh oui !
— Alors attention... Un... Deux... Et trois !!!

À méditer avant de s'endormir

Pourquoi dit-on « sans doute » pour exprimer le doute ?

Histoire à dormir debout

Un homme se rend aux urgences de l'hôpital.
— Docteur ! Je me suis cassé le bras à plusieurs endroits !
Et l'interne lui répond :
— Eh bien, n'y allez plus ! Suivant !

Kalkultou

Trouvez les chiffres manquants
en résolvant toutes les opérations.

7	+	2	-		+	1	=	9
-		+		+		-		-
7	+		-	8	+		=	4
+		-		-		+		+
	-	6	+		+	3	=	0
+		+		-		+		+
6	-		+	2	-		=	1
=		=		=		=		=
7	+	6	-	5	-	2	=	6

Message codé

Selon le principe des lettres de l'alphabet décalées et le code « tu es alité » (Tu es « A » lis « T »), déchiffrez cette phrase :

« Ubxg xgwhkfb, ex vatm ixglx xgvhkx t et lhnkbl. »

Proverbe tibétain

Réponse : ....

....

....

....

....

Boggle

Trouvez le maximum de mots de 4 lettres
et plus !

....

....

....

....

Coin nuit

otez ici ce que vous ne souhaitez pas oublier et qui pourrait
ous empêcher de dormir : ....

....

....

....

os bonnes résolutions pour les jours à venir : ....

....

....

....

Lire aide à l'endormissement... Combien de temps résisterez-vous à l'effet narcotique du Code des assurances ?

CODE DES ASSURANCES (Extrait 1)
[source Legifrance]

Titre III : Règles relatives aux assurances de personnes et aux opérations de capitalisation

Chapitre Ier : Dispositions générales

Article L. 131-1

En matière d'assurance sur la vie et d'assurance contre les accidents atteignant les personnes, les sommes assurées sont fixées par le contrat.

En matière d'assurance sur la vie ou d'opération de capitalisation, le capital ou la rente garantis peuvent être exprimés en unités de compte constituées de valeurs mobilières ou d'actifs offrant une protection suffisante de l'épargne investie et figurant sur une liste dressée par décret en Conseil d'État. Le contractant ou le bénéficiaire obtient le règlement en espèces. La remise de titres ou de parts, dans le respect des actifs éligibles en représentation des engagements en unités de compte, est possible dans le respect des conditions suivantes :

1° Le contractant ou le bénéficiaire peut opter pour la remise de titres ou de parts lorsque ceux-ci sont négociés sur un marché réglementé, à l'exception des titres ou des parts qui confèrent directement le droit de vote à l'assemblée générale des actionnaires d'une société inscrite à la cote officielle d'une bourse de valeurs. Dans le cas où un organisme de placement collectif en valeurs mobilières ou un placement collectif relevant des paragraphes 1 et 2, du sous-paragraphe 2 du paragraphe 5 et du paragraphe 6 de la sous-section 2, du paragraphe 2 ou du sous-paragraphe 1 du paragraphe 1 de la sous-section 3 de la section 2 du chapitre IV du titre Ier du livre II du code monétaire et financier a été scindé en application des articles L. 214-7-4, L. 214-24-33, L. 214-8-7 ou L. 214-24-41 du même code, l'assureur propose au contractant ou au bénéficiaire le règlement correspondant aux actions ou parts de l'organisme issu de la scission et qui a reçu les actifs dont la cession n'aurait pas été conforme à l'intérêt des actionnaires ou des porteurs de parts, sous forme de remise des actions ou parts de cet organisme ;

2° Le contractant peut opter irrévocablement à tout moment, avec l'accord de l'assureur, pour la remise de titres ou de parts non négociés sur un marché réglementé, notamment de parts de fonds communs de placement à risques ou non négociables, au moment du rachat des engagements exprimés en unité de compte d'un contrat.

Un bénéficiaire désigné par le contrat peut également, dans des conditions définies par décret en Conseil d'État, opter irrévocablement pour la remise de tels titres ou parts en cas d'exercice de la clause bénéficiaire. L'exercice de cette option par le bénéficiaire n'entraîne pas acceptation du bénéfice du contrat, au sens de l'article L. 132-9 du présent code.

Ce paiement en titres ou en parts non négociables ou non négociés sur un marché réglementé ne peut s'opérer qu'avec des titres ou des parts qui ne confèrent pas de droit de vote et qu'à la condition que le contractant, son conjoint, leurs ascendants, leurs descendants ou leurs frères et sœurs n'aient pas détenu, directement ou indirectement, au cours des cinq années précédant le paiement, des titres ou des parts de la même entité que ceux remis par l'assureur ;

3° Le contractant ou un bénéficiaire désigné par le contrat peut également opter irrévocablement pour la remise des parts ou actions de fonds d'investissements alternatifs mentionnées au 1° dans les conditions prévues au 2°.

Article L. 131-2

Dans l'assurance de personnes, l'assureur, après paiement de la somme assurée, ne peut être subrogé aux droits du contractant ou du bénéficiaire contre des tiers à raison du sinistre.

Toutefois, dans les contrats garantissant l'indemnisation des préjudices résultant d'une atteinte à la personne, l'assureur peut être subrogé dans les droits du contractant ou des ayants droit contre le tiers responsable, pour le remboursement des prestations à caractère indemnitaire prévues au contrat.

Article L. 131-3

Les entreprises d'assurance régies par le présent code qui commercialisent des contrats d'assurance complémentaire en matière de santé doivent faire figurer dans les documents de communication à leurs assurés ou destinés à faire leur publicité les conditions de prise en charge, de façon simple et normalisée, chiffrée en euros, pour les frais de soins parmi les plus courants ou pour ceux pour lesquels le reste à charge est le plus important, selon des modalités précisées par arrêté du ministre chargé de la sécurité sociale.

CODE DES ASSURANCES (Extrait 2) *[source Legifrance]*

Chapitre V : L'assurance des risques de catastrophes naturelles

Article L. 125-6

Dans les terrains classés inconstructibles par un plan de prévention des risques naturels prévisibles approuvé dans les conditions fixées par les dispositions du chapitre II du titre VI du livre V du code de l'environnement, l'obligation prévue au premier alinéa de l'article L. 125-2 ne s'impose pas aux entreprises d'assurance à l'égard des biens et activités mentionnés à l'article L. 125-1, à l'exception, toutefois, des biens et des activités existant antérieurement à la publication de ce plan.

Cette obligation ne s'impose pas non plus aux entreprises d'assurance à l'égard des biens immobiliers construits et des activités exercées en violation des règles administratives en vigueur lors de leur mise en place et tendant à prévenir les dommages causés par une catastrophe naturelle.

Les entreprises d'assurance ne peuvent toutefois se soustraire à cette obligation que lors de la conclusion initiale ou du renouvellement du contrat.

À l'égard des biens et activités situés sur des terrains couverts par un plan de prévention des risques, les entreprises d'assurance peuvent exceptionnellement déroger aux dispositions du deuxième alinéa de l'article L. 125-2 sur décision d'un bureau central de tarification, dont les conditions de constitution et les règles de fonctionnement sont fixées par décret en Conseil d'État, lorsque le propriétaire ou l'exploitant ne se sera pas conformé dans un délai de cinq ans aux mesures visées au 4° du II de l'article L. 562-1 du code de l'environnement.

Le bureau central de tarification fixe des abattements spéciaux dont les montants maxima sont déterminés par arrêté, par catégorie de contrat.

Lorsqu'un assuré s'est vu refuser par une entreprise d'assurance l'application des dispositions du présent chapitre, il peut saisir le bureau central de tarification, qui impose à l'entreprise d'assurance concernée de le garantir contre les effets des catastrophes naturelles. Lorsque le risque présente une importance ou des caractéristiques particulières, le bureau central de tarification peut demander à l'assuré de lui présenter, dans les mêmes conditions, un ou plusieurs autres assureurs afin de répartir le risque entre eux.

Toute entreprise d'assurance ayant maintenu son refus de garantir un assuré dans les conditions fixées par le bureau central de tarification est considérée comme ne fonctionnant plus conformément à la réglementation en vigueur et encourt le retrait de l'agrément administratif prévu aux articles L. 321-1 ou L. 321-7 à L. 321-9.

Est nulle toute clause des traités de réassurance tendant à exclure le risque de catastrophe naturelle de la garantie de réassurance en raison des conditions d'assurance fixées par le bureau central de tarification.

Le préfet ou le président de la caisse centrale de réassurance peuvent saisir le bureau central de tarification lorsque les conditions dans lesquelles un bien ou une activité bénéficie de la garantie prévue de l'article L. 125-1 leur paraissent injustifiées eu égard au comportement de l'assuré ou à l'absence de toute mesure de précaution de nature à réduire la vulnérabilité de ce bien ou de cette activité. Le bureau central de tarification fixe des abattements spéciaux dans les conditions prévues au cinquième alinéa.

Non mais je rêve !

Un type se rend dans un sex-shop parisien. Il s'installe dans une cabine et derrière la vitre, une femme entame un strip-tease. Le type sort furieux de la cabine en hurlant :
— C'est scandaleux ! Enlevez-moi ça tout de suite !
— Enlever quoi ? demande le patron du sex-shop.
— La buée ! On voit rien !

Une petite avant de s'endormir

Quel intérêt y a-t-il à faire accompagner un pigeon voyageur d'un pivert ?
L'un porte le message, l'autre frappe à la porte.

Fermons les yeux

Pour la première fois, une belle-mère félicite son gendre :
— C'est délicieux ! Je ne vous savais pas si doué. Où avez-vous trouvé la recette de ce cocktail ?
— Dans un roman d'Agatha Christie.

Un couple de rêve

Un homme se confie à un copain :
— Pour mon divorce, c'est vrai que les torts sont partagés... 50 % des torts à ma femme et... 50 % des torts à ma belle-mère !

Mot caché

Retrouvez les mots de cette liste
pour découvrir le mot caché !

~~autour~~
~~avions~~
~~cigale~~
~~cocotier~~
~~colombe~~
~~coqs~~
~~dinde~~
~~fourmi~~
~~hiver~~
~~maigreur~~
~~marcheur~~
~~poule~~
~~profiter~~
~~sable~~
~~tambour~~
~~tombeur~~

p	o	u	l	e	p	c	o	q	s
h	i	v	e	r	r	n	r	u	t
d	i	n	d	e	o	r	u	e	a
i	m	r	u	o	f	u	e	b	m
c	o	c	o	t	i	e	r	m	b
e	l	b	a	s	t	b	g	o	o
c	i	g	a	l	e	m	i	l	u
a	u	t	o	u	r	o	a	o	r
a	v	i	o	n	s	t	m	c	i
t	m	a	r	c	h	e	u	r	s

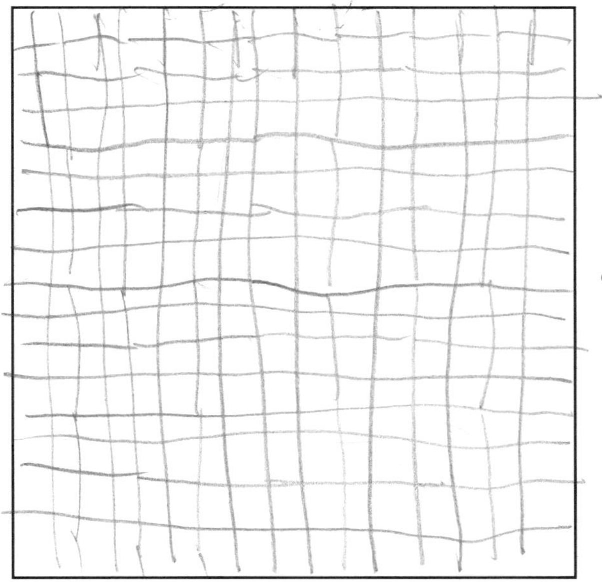

Activité défoulatoire

Divisez ce carré
en deux, les deux formes
obtenues en deux,
puis les quatre formes
en deux et ainsi de suite,
jusqu'à tomber
de sommeil !

Comptez les moutons pour vous endormir !

Nombre total de moutons : ....

Deux moutons ne tirent pas la langue. Lesquels ?

Une petite avant de s'endormir

Quel est le jeu préféré des bergers landais sexuellement en manque ?
Le saute-mouton.

Histoire à dormir debout

Un paysan se renseigne auprès de son voisin :
— Mon cheval n'est pas en forme. Qu'as-tu donné au tien lorsqu'il était malade ?
— Du White Spirit !
— Du White Spirit ?
— Oui.
Quelques jours plus tard, le paysan revient voir son voisin.
— Dis-moi... J'ai donné du White Spirit à mon cheval et il est tombé raide mort !
Le voisin lui répond :
— Le mien aussi !

À méditer avant de s'endormir

Pourquoi celui qui écrit comme un pied s'obstine-t-il à écrire avec les mains ?

Cervelle en sommeil

Une blonde vient récupérer sa petite fille à l'école. Sa maîtresse en profite pour régler un souci :
— J'avais demandé à ce que votre fille vienne à l'école avec une mini-encyclopédie... Elle m'a répondu que vous ne vouliez pas.
— Absolument ! répond la mère. Elle ira à l'école à pied, comme tout le monde !

Message codé

Selon le principe des lettres de l'alphabet décalées et le code « tu es alité » (Tu es « A » lis « T »), déchiffrez cette phrase :

« Vatjnx kxox jnb kxnllbm xlm ng tvvhfiebllxfxgm wn wxlbk wx whkfbk. »

lbzfngw Ykxnw

Réponse : ....

....

Kalkultou

Trouvez les chiffres manquants en résolvant toutes les opérations.

3	+		-	2	-		=	3
+		-		-		+		-
	-	2	+		-	7	=	3
-		+		+		-		+
5	+		+	5	-		=	8
+		-		+		-		-
3	+	1	+		-	2	=	3
=		=		=		=		=
8	-	3	+	3	-	3	=	5

Sudoku

Complétez la grille de manière à ce que chaque ligne, chaque colonne et chaque carré de 3 × 3 contienne une seule fois les chiffres de 1 à 9.

4		7	2	9	1			6
1		6	3	8	7	2	4	
8	2	9	6	4	5		1	3
				1			2	
	1	4	8					
			5	3			9	7
2	7		4	6		9	3	
9								2
			9			5		

Coin nuit

Notez ici ce que vous ne souhaitez pas oublier et qui pourrait vous empêcher de dormir : ....

....

....

Quelle est votre tenue préférée pour dormir ? ....

....

Un couple de rêve

Un père fâche son enfant et lui fait une leçon de morale.
— N'oublie jamais ça : ici, c'est moi qui commande !
Alors que le petit fait demi-tour, la tête basse, son père le rappelle :
— Hey ! Euh... Surtout ne répète pas à maman ce que je t'ai dit, d'accord ?

Non mais je rêve !

Un type raconte à son collègue de bureau :
— Cet été, j'ai amené ma belle-mère à la plage avec nous, et elle a failli se noyer !
— Non ?!
— Si ! Pas foutu de réussir quelque chose, celle-là...

Dans de beaux draps

Un homme se rend au commissariat pour porter plainte.
— J'ai été cambriolé par un Belge... ou une blonde !
— Comment pouvez-vous être aussi affirmatif ? lui demande le policier.
— C'est simple : le voleur a cassé un carreau pour entrer et un autre pour sortir...

Une petite avant de s'endormir

Que faut-il faire à un bûcheron qui tombe dans les pommes ?
Du bûche à bûche !

À méditer avant de s'endormir

Celui qui est pété de rire sent-il mauvais ?

Humour noir pour nuits blanches

En pleine nuit, une femme téléphone paniquée au médecin de garde :
— Docteur ! Mon bébé a avalé un préservatif !
— J'arrive ! fait le médecin.
Alors qu'il s'habille à toute vitesse, le téléphone sonne à nouveau :
— C'est encore moi ! fait la femme à l'autre bout du fil. Ce n'est pas la peine de venir, on en a trouvé un autre !

Une mignonne pour faire de beaux rêves

Sur la banquise, une maman pingouin apprend à nager à un bébé kangourou frigorifié. Au même moment, en Australie, une maman kangourou maintient dans sa poche un bébé pingouin qui crève de chaud. La maman pingouin et la maman kangourou se disent alors :
— Mais quelle idiotie, ces échanges scolaires !

Fermons les yeux

Un professeur interpelle une de ses étudiantes :
— Mademoiselle Céline Utello-Lopez, vous jupe est si courte que l'on peut voir vos initiales !

Trois doses de rire

À méditer avant de s'endormir

Avez-vous déjà vu quelqu'un tomber dans une spirale infernale ?

Au lit les petits !

La maîtresse demande à ses élèves de faire une rédaction en employant tous les jours de la semaine. Toto rend sa copie le premier. La maîtresse lit : « Je vais à l'école le lundi, le mardi, pas le mercredi, le jeudi, le vendredi, pas le samedi, ni le dimanche. »

Histoire à dormir debout

Une femme entre dans le bureau d'un psychanalyste et dit :
— Docteur, tout le monde m'ignore...
Et le psy :
— Personne suivante !

Un couple de rêve

Comme tous les jours, un homme achète un bouquet de fleur.
— Je vais prendre ce bouquet, s'il vous plaît. Et ce sera certainement le dernier de ma vie que je viens vous acheter...
— Ah ? Que se passe-t-il ? Voilà un mois que vous venez m'acheter des fleurs tous les jours. Vous allez rompre ?
— Non, pas du tout ! Je la demande en mariage ce soir !

Labyrinthe

Saurez-vous trouver le chemin du sommeil ?

Boggle

Trouvez le maximum de mots de 4 lettres et plus !

....

....

....

....

....

Sudoku

Complétez la grille de manière à ce que chaque ligne, chaque colonne et chaque carré de 3 × 3 contienne une seule fois les chiffres de 1 à 9.

9				8		6	2	3
2		4	6	1			7	9
	3				7	8	4	
8		5			9			
	7							2
		1						7
	5		7	9				4
3	4	9	2	5			1	
7	6	8	3	4				

Une petite avant de s'endormir

Pourquoi, dans un supermarché, les Écossais choisissent-ils toujours la queue la plus longue au moment de passer en caisse ?
Pour garder leur argent le plus longtemps possible.

Histoire à dormir debout

Un type se confie à son psychiatre :
— Parfois, j'ai l'intime conviction d'être un poulet !
— Ah ? Et depuis quand pensez-vous cela ? demande le psychiatre.
— Depuis l'œuf !

Sous la couette

Une prostituée demande à une de ses collègues :
— Dis-moi, ma chérie, comment fais-tu pour avoir autant de clients fidèles ?
— Ça, c'est parce que je leur laisse faire des trucs qu'ils ne peuvent pas faire avec leur femme !
— Ah oui ? Et quoi donc ?
— Fumer une cigarette au lit après l'amour, ma chérie...

Dans tes rêves

Qu'est-ce que la contraception orale ?
C'est lorsqu'on demande à une femme de coucher avec elle et qu'elle vous répond « non » !

Non mais je rêve !

Un mari dit à sa femme :
— C'est dingue ! À chaque fois qu'on va chez ta mère à l'improviste, elle n'est pas là !
— C'est vrai, tu as raison, je n'avais pas remarqué. C'est étrange… Comment expliques-tu cela ?
— La chance, tout simplement la chance !

Un couple de rêve

Une femme lit l'horoscope :
— Eh merde !! crie-t-elle. Merde et re-merde !
— Qu'est-ce qui se passe ? demande son mari.
— Tu serais né un jour plus tôt, tu serais doux, attentionné, courageux et bon amant ! Mer-de !

Une petite avant de s'endormir

Pourquoi les pompiers n'ont-ils pas besoin de lunettes ?
Parce que pompier bon œil.

Au lit les petits !

Toto dit à sa maîtresse :
— Je ne voudrais pas vous faire peur mais… mon père a dit qui si vous continuiez à me mettre des mauvaises notes, il y aurait une distribution de fessées…

Comptez les moutons pour vous endormir !

Nombre total de moutons : ....

Deux bergers s'occupent de ces moutons.
Où se cachent-ils ?

Humour pour nuits blanches

Une vieille dame croise une amie dans la rue.
— Comment vas-tu ?
— Mon mari est mort la semaine dernière. Tu ne savais pas ?
— Oh… Non ! On ne m'a rien dit et je ne lis pas le journal… Je suis désolée ! Comment est-ce arrivé ?
— Je lui ai demandé d'aller au jardin ramasser quelques patates pour le dîner et il est tombé raide mort ! Une crise cardiaque.
— Oh… Et qu'est-ce que tu as fait ?
— Ben… J'ai ouvert une boîte de conserve.

À méditer avant de s'endormir

Pourquoi, au baseball, la balle n'a-t-elle pas de trou ?

Un couple de rêve

Un homme propose à sa femme un petit jeu :
— Est-ce que tu serais capable, en une seule affirmation, de me dire une vérité qui me rende heureux et triste à la fois ?
Sa femme réfléchit un instant puis lui dit :
— Tu en as une plus grosse que tous tes copains !

Une petite avant de s'endormir

Pourquoi le taux de criminalité est-il le plus bas en Écosse ?
Parce que le crime ne paie pas.

Message codé

Selon le principe des lettres de l'alphabet décalées et le code « tu es alité » (Tu es « A » lis « T »), déchiffrez cette phrase :

« Jnb lx exox ftmbg l'xllnbx et uhnvax ; jnb whkm ehgzmxfil l'xllnbx exl rxnq. »

Proverbe allemand

Réponse : ....

....

Mot caché

Retrouvez les mots de cette liste pour découvrir le mot caché !

baigner	lac
baleine	laid
boules	massue
chasseur	melon
crevette	moteur
crochet	proche
dauphin	queue
diriger	ramasser

r	c	d	i	r	i	g	e	r	b
e	r	a	e	d	e	r	v	r	a
r	e	u	u	i	u	u	u	r	l
a	v	p	e	a	s	e	m	e	e
m	e	h	u	l	s	t	e	n	i
a	t	i	q	s	a	o	l	g	n
s	t	n	a	e	m	m	o	i	e
s	e	h	c	o	r	p	n	a	l
e	c	r	o	c	h	e	t	b	a
r	i	l	s	e	l	u	o	b	c

Coin nuit

otez ici ce que vous ne souhaitez pas oublier et qui pourrait
ous empêcher de dormir : ....

....

....

hassez vos idées noires : ....

....

....

....

Dans de beaux draps

Une femme cherche un livre dans toute la maison. Elle finit par demander à son mari :
— Dis, tu n'as pas vu le livre que je cherche partout depuis tout à l'heure ?
— Lequel ?
— *L'Art de devenir centenaire.*
— Ah ! Celui-ci ? Je l'ai jeté à la poubelle !
— Mais pourquoi ?
— Hier, j'ai surpris ta mère en train de commencer à le lire !

Cervelle en sommeil

Une blonde se rend chez le dentiste et s'installe sur le fauteuil. Le dentiste lui demande :
— Ouvrez la bouche, s'il vous plaît.
— Merci ! répond la blonde.
— Pourquoi me remerciez-vous ? interroge le dentiste.
— Ben... D'habitude, tout le monde me dit de la fermer !

Un couple de rêve

Un homme dit à sa femme :
— Chérie ! Ça te dit d'essayer une nouvelle position ce soir ?
— Oh, oui ! Avec plaisir ! Je m'allongerai sur le canapé et toi, tu te mettras derrière la table à repasser !

Deux doses de rire

Histoire à dormir debout

Un arabe se lamente auprès de son chef de chantier :
— Chef ! Ils sont tous racistes !
— Pourquoi ?
— Je te dis qu'ils sont tous racistes !
— Qui ça ?
— Tout le monde est raciste ! Le gars avec qui je travaille, les gens dans la rue, tout le monde, je te dis ! Même toi !
— Moi ? Mais je ne suis pas raciste ! s'offusque le chef.
— Dis-moi… Qu'est-ce qui tu répondrais si on te disait : « Viens ! On va niquer tous les arabes et tous les coiffeurs ! » ?
— Les coiffeurs ? Pourquoi les coiffeurs ?
— Aaaah ! Tu vois ? Toi aussi !

Qui dort dîne

Un couple et leur enfant se promènent en montagne. Le fils rejoint son père, qui marchait seul devant et lui demande :
— Papa ! Il y a des ours dans cette montagne ?
— Mais non… Juste des marmottes !
— Ouf ! Alors c'est une grosse marmotte qui a mangé maman.

Une petite avant de s'endormir

Comment disperse-t-on une manifestation en Écosse ?
On fait la quête !

Non mais je rêve !

Une tempête fait rage et un bateau de croisière est chahuté par d'immenses vagues. Sur le pont du navire, un marin remarque une vieille dame appuyée sur la rambarde.
— Madame ! Madame ! Ne restez pas là, une vague risque de vous emporter !
Un homme qui se tenait en retrait crie alors :
— De quoi vous mêlez-vous ? C'est ma belle-mère, pas la vôtre !

Humour noir pour nuits blanches

Une femme téléphone affolée au centre antipoison :
— Que dois-je faire ? Mon fils vient de boire un litre d'essence et il court dans tous les sens !
— Attendez la panne sèche, madame…

À méditer avant de s'endormir

Quand un arbre tombe dans une forêt, les autres arbres se marrent-ils ?

Au lit les petits !

La maîtresse demande à Toto :
— Qu'as-tu fait pendant tes vacances ?
— Bof… Pas grand-chose… En tout cas, pas de quoi faire une rédaction !

Activité défoulatoire

Reproduisez ce dessin géométrique sur toute la grille !

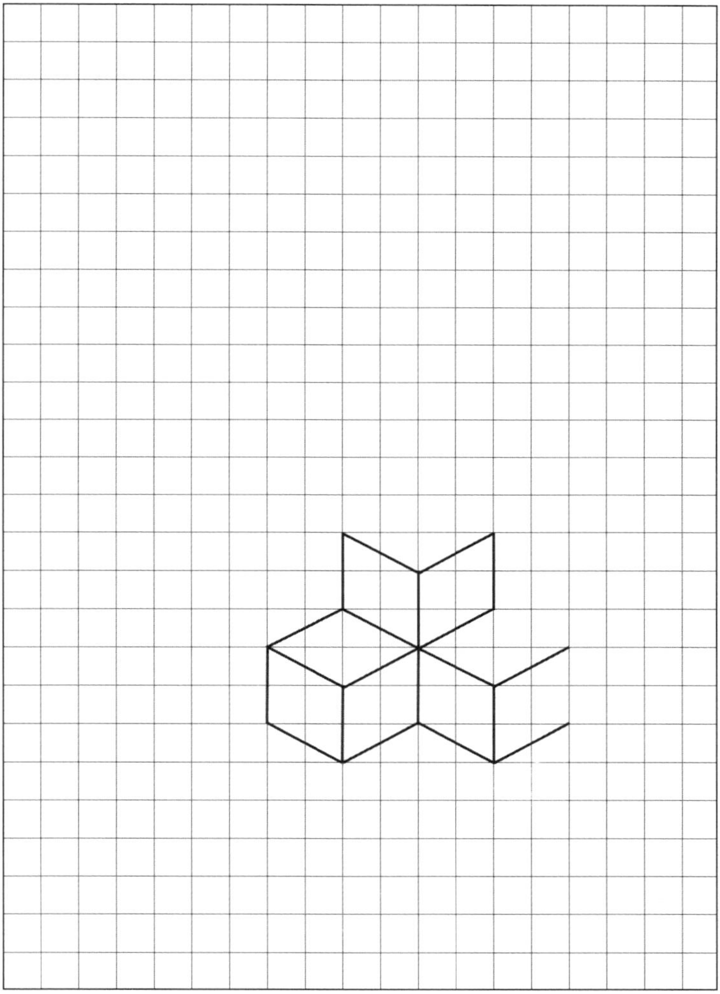

Message codé

Selon le principe des lettres de l'alphabet décalées et le code « tu es alité » (Tu es « A » lis « T »), déchiffrez cette phrase :

« Jnb uxtnvhni whkm xm lx kxihlx, wxoxgbk itnokx l'xqihlx. »

Proverbe français

Réponse : ....

....

Comptez les moutons pour vous endormir !

Nombre total de moutons : ....

Y a-t-il plus de moutons blancs ou de moutons noirs ?

Fermons les yeux

Une femme va voir une voyante et lui demande :
— Quel est votre tarif, s'il vous plaît ?
— C'est cent euros les trois questions.
— C'est un peu cher... Vous ne trouvez pas ?
— Non. Quelle est votre troisième question ?

Une petite avant de s'endormir

Savez-vous ce que les hommes connaissent le mieux en matière de mode féminine ?
La facture !

Un couple de rêve

Un 31 octobre, un mari saute sur sa femme pour lui embrasser les seins.
— Mais qu'est-ce que tu fais ? dit sa femme.
— Eh bien quoi ? Le 31 octobre, c'est la fête de tous les saints, non ?
Le lendemain, la femme chope son mari. Elle lui baisse son pantalon, puis son caleçon, avant de déposer un petit bisou sur son sexe. Surpris, le mari lui demande :
— Ben ? Qu'est-ce que tu fais ?
— Et alors ? Le lendemain de la fête de tous les saints, c'est bien la fête des morts, non ?

Kalkultou

Trouvez les chiffres manquants
en résolvant toutes les opérations.

0	+		-	2	-		=	3
+		-		-		+		-
	-	3	+		-	9	=	0
-		+		+		-		+
3	+		+	3	-		=	2
+		-		+		-		-
2	+	3	+		-	4	=	3
=		=		=		=		=
5	-	2	+	1	-	2	=	2

Sudoku

Complétez la grille de manière à ce que chaque ligne, chaque colonne et chaque carré de 3 × 3 contienne une seule fois les chiffres de 1 à 9.

1			5					
	6	2		7	4	8	1	9
7	4	3			8	2	5	6
2	3			1	6	7	8	
		7	4		3	6	2	1
	1	8		5	7	4		3
3	2						7	8
	9	6						4
4		5		3	9		6	2

Boggle

Trouvez le maximum de mots
de 4 lettres et plus !

Coin nuit

Notez ici ce qu
vous ne souhaitez pa
oublier et qui pourrait vou
empêcher de dormir :

Quels sont les endroits insolites o
vous avez dormi ?

Cervelle en sommeil

Une blonde engueule sa meilleure copine :
— Pourquoi as-tu dit à tout le monde que j'étais une idiote ?
— Pardonne-moi, j'aurais dû me douter que tu pensais que c'était un secret…

À méditer avant de s'endormir

Pourquoi sort-on par la porte d'entrée ?

Qui dort dîne

Si l'on vous donne 30 plaques de chocolat et que vous en mangez 24, quel est le résultat de l'opération ?
Une bonne indigestion !

Au lit les petits !

Une jeune et jolie institutrice remarque qu'un élève assis au premier rang ne cesse de faire tomber son crayon et de le ramasser…
— Dis-moi, lui dit-elle, tu veux bien arrêter de regarder mes genoux ?
— Moi ?! fait le gamin. Mais je suis au-dessus de ça !

Une petite avant de s’endormir

Quelle est la première chose que regarde un homme quand il va à la plage avec sa femme ?
Toutes les autres femmes !

Un couple de rêve

Un type dit à un copain :
— Hier soir, je me suis disputé avec ma femme !
— Mince... Et comment s’est terminée la dispute ?
— Comme d’habitude : elle s’est mise à genoux !
— Ha ! Ha ! Ha ! C’est bien, ça ! Respect ! Et qu’est-ce qu’elle t’a dit ?
— Comme d’habitude : « Maintenant, sors de sous le lit ! »

Un petit dernier avant d’aller se coucher

Un homme complètement saoul marche tant bien que mal dans la rue. Il avance avec un pied sur le trottoir et l’autre dans le caniveau. Voyant cet homme tituber ainsi, un type l’interpelle :
— Monsieur ! Vous rentrez chez vous ? Je vois que vous êtes saoul...
— Ouf ! fait le type. Vous me soulagez, je pensais que je boitais !

À méditer avant de s’endormir

À partir de quel étage n’y a-t-il plus de moustique ?

Histoire à dormir debout

Un type roule à près de 110 km/h sur une route nationale lorsqu'un poulet à trois pattes le dépasse ! Puis un deuxième !! Et un troisième !!! L'automobiliste s'arrête alors sur le bas-côté, et c'est toute une bande de poulets à trois pattes qu'il voit passer en trombe devant lui pour aller rejoindre leur poulailler, à une centaine de mètres plus loin. Le type se rend jusqu'à la ferme voisine et demande au paysan :
— J'ai vu quelque chose d'incroyable : des poulets à trois pattes !
— Bah… Je sais. Ce sont mes poulets.
— Mais ils ont trois pattes ?
— Bah… Ouais. Nous, dans le poulet, on n'aime que les cuisses, alors…
— Et vous en mangez souvent ?
— Bah… Non. On n'arrive pas à les attraper !

Une petite avant de s'endormir

Quel point commun y a-t-il entre une femme bien bronzée et un poulet rôti ?
C'est le blanc qui est le meilleur !

Fatigué

Quel point commun y a-t-il entre coucher avec un homme et suivre un feuilleton télé ?
C'est quand ça commence à devenir intéressant que ça se termine.

Labyrinthe

Saurez-vous trouver le chemin du sommeil ?

Kalkultou

Trouvez les chiffres manquants
en résolvant toutes les opérations.

2	+	2	-		+	3	=	4
-		+		+		-		-
4	+		-	7	+		=	9
+		-		-		+		+
2	-	4	+		+	5	=	8
+		+		-		+		+
4	-		+	0	-		=	0
=		=		=		=		=
4	+	8	-	5	-	4	=	3

Sudoku

Complétez la grille de manière à ce que chaque ligne, chaque colonne et chaque carré de 3 × 3 contienne une seule fois les chiffres de 1 à 9.

5		2			1	3		7
6		7	5	8			4	
	8		4	7	3	2		6
	1	3	9				6	5
9			7	1			2	
	7				5		9	
3		1	8					2
			3	6	9		1	4
								9

Un couple de rêve

Une femme part en vacances avec sa meilleure amie.
— Comment t'organises-tu pour tout le temps te faire offrir des voyages par ton mari ?
— C'est simple. Je lui dis que je le quitte et que je rentre habiter chez ma mère. À chaque fois, il me donne de l'argent pour que j'achète mon billet d'avion !

Au lit les petits !

La maîtresse explique que les vaches mâchent toute la journée. Un élève lui demande alors :
— Mais… à part le chewing-gum, qu'est-ce qu'elles mangent ?

Une petite avant de s'endormir

Quelle différence y a-t-il entre une madame et une mademoiselle ?
Un monsieur !

Dans de beaux draps

Un juge annonce sa peine à un condamné :
— Vous êtes condamné à une peine de vingt-cinq ans de prison !
— Mais !? Monsieur le Juge, fait le condamné, j'ai quatre-vingts ans !
— Je sais, répond le juge, vous ferez ce que vous pourrez…

Humour noir pour nuits blanches

Pourquoi les fossoyeurs portent-ils des chaussures noires ?
Parce qu'ils ont les pompes funèbres...

À méditer avant de s'endormir

Pendant un tremblement de terre, l'ouvrier qui fait du marteau-piqueur doit-il se désynchroniser pour ne pas travailler pour rien ?

Non mais je rêve !

Une femme raccroche le téléphone.
— Qui c'était ? questionne son mari. Encore ta mère, je suppose ?
— Oui... Mais là, je crois bien qu'elle est devenue à moitié folle... répond la femme.
— Ah ? Ça va mieux, alors ?

Une petite avant de s'endormir

Quel point commun y a-t-il entre les hommes et les kangourous ?
Lorsqu'ils voient une femme, ils bondissent et pensent que c'est dans la poche !

Comptez les moutons pour vous endormir !

Nombre total de moutons : ....

Deux chèvres se sont incrustées dans le troupeau !
Où se trouvent-elles ?

Une petite avant de s'endormir

Quelle est la devise des femmes mariées ?
Prends ton mâle en patience !

Un couple de rêve

Un jeune homme et une jeune femme se marient à l'église. À la fin de la cérémonie, le curé va voir le jeune homme et lui dit :
— N'oubliez pas de faire une offrande...
— Ah oui ! fait le jeune marié. Mais... combien faut-il donner ?
— Les gens donnent ce qu'ils veulent. En général, le marié donne en fonction de la beauté de son épouse. Plus elle est belle, plus il donne une somme importante...
Le jeune marié se retourne vers sa femme, la dévisage un court instant puis plonge sa main dans sa poche et en retire une pièce de 50 centimes qu'il tend au prêtre. L'homme d'Église prend la pièce et dit au marié :
— Ne bougez pas, je vais chercher de quoi vous rendre la monnaie...

Sous la couette

Que dit-on de la femme d'un sumo qui refuse d'accomplir son devoir conjugal ?
Qu'elle fait la grève sur le tas !

Une mignonne pour faire de beaux rêves

Quel est le comble pour un dentiste ?
C'est de se ruiner en jouant à la roulette !

Activité défoulatoire

Que vous inspire cette forme ? Terminez le dessin !

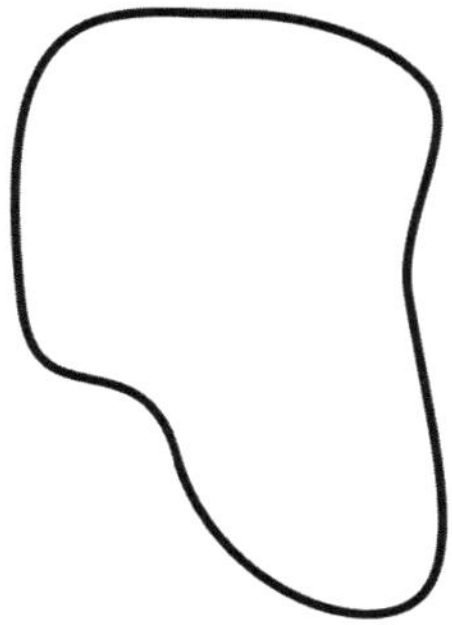

Sudoku

Complétez la grille de manière à ce que chaque ligne, chaque colonne et chaque carré de 3 × 3 contienne une seule fois les chiffres de 1 à 9.

8	9	4	3	5				
	6			4		9		
	2				9	4	3	
4	8			1			5	
6		2		8			9	4
5			4		6	1		8
7		1		2	3			9
2	3	6	1			5		7
				7	4		1	3

Coin nuit

Notez ici ce que vous ne souhaitez pas oublier et qui pourrait vous empêcher de dormir : ……………………………

……………………………

……………………………

……………………………

Quels ont été les bons moments, les choses positives des journées passées ? ……………………………

……………………………

……………………………

Humour noir pour nuits blanches

Un papi annonce à un autre :
— Mon cardiologue m'a dit que j'avais le cœur d'un gamin de vingt ans !
— Ah ?
— Ouais ! Et il m'a même dit où il était enterré !

À méditer avant de s'endormir

Que faire si mon chat est allergique à ses poils ?

Cervelle en sommeil

Une blonde se rend dans une pharmacie et demande un produit vermifugeant.
— C'est pour un enfant ou un adulte ? demande le pharmacien.
— Eh bien… Je ne connais pas l'âge des vers !

Un couple de rêve

Un jeune père arrive à la maternité où sa femme vient d'accoucher. Il entre dans la chambre et se penche, ému, au-dessus du berceau. Stupeur ! L'enfant est noir. Furieux, le père se retourne vers sa femme, qui lui dit :
— Tu vois, avec ta sale manie de toujours vouloir faire ça dans le noir…

Une petite avant de s'endormir

Quelle différence y a-t-il entre un bouchon de champagne et un enfant ?
Le bouchon de champagne porte le nom du fabricant.

Histoire à dormir debout

En faisant une ruade, une mule a tué une vieille dame qui passait derrière elle. Son gendre, à qui appartient la mule, organise les funérailles de sa belle-mère. Le jour de l'enterrement, des centaines de personnes se pressent et tentent d'entrer dans la petite église. Après la messe, le curé dit au gendre :
— Votre belle-mère devait être très appréciée, c'est la première fois que je vois autant d'hommes dans mon église !
— Mon père, ils ne sont pas venus pour l'enterrement... Ils sont venus pour m'acheter la mule !

Au lit les petits !

La maîtresse tente d'expliquer les soustractions à Toto :
— Imagine que ton père donne 30 euros à ta mère, puis qu'il lui en reprenne 10. Qu'est-ce que ça donne ?
— Euh... Une scène de ménage ?

À méditer avant de s'endormir

Avoir un compas dans l'œil aide-t-il réellement à voir ?

Une petite avant de s'endormir

Qu'est-ce qu'une boîte de nuit ?
Le seul endroit encore ouvert lorsque votre femme a enfin fini de s'habiller et de se maquiller.

Un couple de rêve

En marchant, un homme trébuche malencontreusement sur une lampe magique. Le génie qui en sort lui dit :
— Fais un vœu et je l'exaucerai aussitôt !
L'homme lui répond :
— J'aimerais que vous leviez la malédiction qui s'est abattue sur moi il y a plus de trente ans !
— Bien, mais... j'ai besoin de connaître la phrase exacte qui a été prononcée lorsque le sort fut jeté ! lui demande le génie.
— Je m'en souviens parfaitement. C'était : « Je vous déclare maintenant mari et femme. »

À méditer avant de s'endormir

Pourquoi mettre des panneaux « Entrée interdite » sur une porte ? N'était-il pas moins compliqué de ne pas faire de porte ?

Fermons les yeux

Que dit un aveugle quand il se sert d'un papier de verre ?
Putain, c'est écrit tout petit !

n	r	d	o	u	a	n	i	e	r
i	e	h	a	u	t	e	u	r	h
a	d	n	o	c	l	a	b	o	t
h	r	i	n	o	s	i	a	m	e
c	a	e	s	c	a	r	g	o	t
o	t	r	n	i	a	d	u	o	s
r	e	r	e	h	c	n	e	p	p
p	r	b	a	i	n	s	t	i	a
l	c	i	l	b	u	p	t	e	i
p	a	r	t	e	r	r	e	d	n

Mot caché

Retrouvez les mots de cette liste pour découvrir le mot caché !

baguette
bains
balcon
douanier
escargot
hauteur
maison
pain
parterre
pencher
pied
prochain
public
rein
retarder
soudain

Sudoku

Complétez la grille de manière à ce que chaque ligne, chaque colonne et chaque carré de 3 × 3 contienne une seule fois les chiffres de 1 à 9.

		7	2		9	4		5
				8			1	
8		2		4	5			
7			6	5	3	1		9
6		1		2				8
9	2						4	
	5	3	4		6			1
			5	9		3		4
			8	3		2	5	

Boggle

Trouvez le maximum de mots de 4 lettres et plus !

....

....

....

....

....

Comptez les moutons pour vous endormir !

Nombre total de moutons : ....

Un berger et son chien se cachent dans le troupeau.
Où sont-ils ?

Qui dort dîne

Le serveur demande à une très grosse dame :
— Que souhaitez-vous pour accompagner vos frites ? Sauce mayonnaise ? Ketchup ? Béarnaise ? Moutarde ?
— Oui !

Histoire à dormir debout

Un type se rend chez un psychiatre et lui explique :
— Chaque matin, je chante durant tout le trajet jusqu'à mon travail ! Est-ce que je suis normal ?
Le psychiatre prend le temps de la réflexion et lui répond :
— Soit vous avez gagné au Loto… Soit vous vous droguez… Soit vous êtes l'un des sept nains !

Une petite avant de s'endormir

Comment savoir qu'une fête est réussie dans le Dauphinois ?
Lorsque tout le gratin est là !

Un couple de rêve

Une femme rentre d'une semaine passée en thalassothérapie. Tout heureuse d'avoir perdu du poids, elle annonce fièrement à son mari :
— Chéri, en une semaine, j'ai fondu de moitié !
Son mari lui rétorque :
— Alors retournes-y une semaine de plus !

Labyrinthe

Saurez-vous trouver le chemin du sommeil ?

Sudoku

Complétez la grille de manière à ce que chaque ligne, chaque colonne et chaque carré de 3 × 3 contienne une seule fois les chiffres de 1 à 9.

7	6			2	8			
1				4	7	5	6	2
			3	6		9		8
8			1	5		6	2	9
2			6		3			
	5	6		7		3	8	1
9					6	2	5	7
3	7	5	8		2		9	6
	4		7		5	8		3

Coin nuit

Notez ici ce qu
vous ne souhaitez pa
oublier et qui pourrait vou
empêcher de dormir :

Où vous êtes-vous déjà endorr
malgré vous ?

Une petite avant de s'endormir

Pourquoi les femmes préfèrent-elles faire l'amour plutôt qu'une partie de bowling ?
Parce que les boules sont plus légères !
Et pourquoi les hommes préfèrent-ils faire l'amour plutôt qu'une partie de bowling ?
Parce qu'ils n'ont pas besoin de changer de chaussures !

Au lit les petits !

La mère de Toto se fâche :
— Qu'est-ce que tu as fait ? Le lait a débordé ! Je t'avais demandé de le surveiller et de regarder ta montre !
— C'est ce que j'ai fait, maman ! Il a débordé à 8 h 15 !

Cervelle en sommeil

Un type couche avec une blonde. Le lendemain matin, pendant qu'elle se rhabille, le gars lui demande :
— Avant que tu ne partes, c'est quoi ton téléphone ?
— C'est un Nokia !

Sous la couette

Que trouve-t-on sur la mer calmée ?
Un père exténué !

À méditer avant de s'endormir

Celui qui a inventé l'expression « cucul la praline » l'a-t-il goûté ?

Un couple de rêve

Un homme dit à un copain :
— Je vais épouser une jeune fille de vingt ans !
Son copain est choqué :
— Ça va pas ? Tu as perdu la tête ? Tu sais que tu as soixante-dix ans ? Imagine… Dans vingt ans, tu auras quatre-vingt-dix ans et elle quarante !
— Je sais… J'y ai pensé. Mais qu'est-ce qui m'empêche, à ce moment-là, d'en épouser une autre de vingt ans ?

Histoire à dormir debout

Dans une maternité, plusieurs futurs papas attendent impatiemment que leur femme accouche. Soudain, une sage-femme pénètre dans la salle d'attente et dit :
— Lequel d'entre vous est magicien ?
— C'est moi, madame ! dit un homme en se levant. Alors, elle a accouché ?
— Oui, félicitations ! Vous êtes l'heureux papa d'un beau lapin de 4 kilos !

Une petit avant de s'endormir

Quand Jeanne d'Arc s'est-elle éteinte ?
Environ une heure après sa mort !

Cervelle en sommeil

Aux Invalides, un guide explique à un groupe de touristes :
— En 1840, le roi Louis-Philippe obtient de l'Angleterre la restitution des cendres de l'Empereur Napoléon Ier, décédé le 5 mai 1821 à Sainte-Hélène. C'est donc au centre de l'église du dôme des Invalides qu'est creusée une crypte large de 15 mètres et profonde de 6 mètres qui a reçu le sarcophage contenant les cendres de Napoléon...
Une blonde lève alors le doigt et demande au guide :
— Parce qu'il est mort dans un incendie ?

Une petite avant de s'endormir

Qu'est-ce que les femmes ont tous les mois et qui ne dure que quatre ou cinq jours ?
Le salaire de leur mari.

Non mais je rêve !

Pourquoi Adam et Ève s'entendaient-ils si bien ?
Parce qu'Ève n'a jamais pu parler de ses anciennes conquêtes à Adam et qu'Adam n'a jamais pu critiquer la cuisine de sa belle-mère !

Humour noir pour nuits blanches

Deux hommes discutent :
— Moi, ma belle-mère, c'est un ange !
— Quelle chance tu as ! Moi, la mienne est encore en vie...

Labyrinthe

Saurez-vous trouver le chemin du sommeil ?

Boggle

Trouvez le maximum de mots
de 4 lettres et plus !

....

....

....

....

....

Kalkultou

Trouvez les chiffres manquants
en résolvant toutes les opérations.

5	+		+	4	-	3	=	7
+		-		-		+		+
	-	4	+		-	4	=	1
-		+		+		-		+
4	+		+	3	-		=	6
+		-		+		-		-
	+	1	+		-	1	=	6
=		=		=		=		=
3	+	1	+	4	-	0	=	8

Message codé

Selon le principe des lettres de l'alphabet décalées et le code « tu es alité »
(Tu es « A » lis « T »), déchiffrez cette phrase :

« Vxnq jnb wblxgm whkfbk vhffx ng uxux, xg zxgxkte, g'xg hgm itl. »

Exh C. Unkdx

Réponse : ....

....

Histoire à dormir debout

Un patron reproche à sa secrétaire de faire plein de fautes de frappe :

— Que vous arrive-t-il ? Avant, vous ne faisiez aucune faute.

— Vous n'avez qu'à remettre le chauffage ! lui répond-elle.

— Quel rapport ?

— Vous avez déjà essayé de taper sur un clavier avec des moufles ?

Au lit les petits !

Un petit questionne sa grand-mère :

— Dis, mamie, tu étais coiffeuse avant, quand t'étais jeune ?

— Non... Pas du tout ! Qu'est-ce qui te fait dire ça ?

— C'est papa ! Il a dit que tu frisais la soixantaine et que tu allais nous raser toute la journée !

Une petite avant de s'endormir

Pour un homme, qu'y a-t-il de plus horrible que l'amour d'une vieille femme laide ?

L'amitié d'une jolie jeune femme.

Non mais je rêve !

— Tu n'aimes pas ma famille ! reproche une femme à son mari.

— N'importe quoi ! dit le mari. Tu sais bien que je préfère de beaucoup ta belle-mère à la mienne...

À méditer avant de s’endormir

Quelqu’un a-t-il déjà fait « Zzzzzz » quand il dort ?

Un couple de rêve

Un type arrive au travail visiblement très contrarié. Un collègue lui demande :
— Ça ne va pas ? T’as pas l’air dans ton assiette.
— Non... En rentrant, hier, j’ai trouvé ma femme au lit avec un type.
— Aïe ! Comment as-tu réagi ?
— J’ai simplement demandé à ma femme ce qu’il fallait que je fasse pour qu’une telle situation ne se renouvelle pas.
— Et qu’est-ce qu’elle t’a répondu ?
— « Des heures supplémentaires » !

Non mais je rêve !

Un couple se dispute.
— Tu n’aimes pas ma mère ! se plaint la femme.
— Pas du tout ! lui répond son mari. Ta mère me fait penser à une étoile. Oui, c’est ça ! Ta mère est comme une étoile que j’admire... de très loin.

Une petite avant de s’endormir

Qu’est-ce qu’un adolescent ?
Quelqu’un qui se conduit comme un bébé lorsqu’on ne le traite pas comme un adulte.

Comptez les moutons pour vous endormir !

Nombre total de moutons : ....

Dans ce troupeau, il y a deux moutons dont on ne voit pas les pattes... Où sont-ils ?

Une petite avant de s'endormir

Pourquoi dit-on que le château de Dracula est le plus exposé au vent ?

Parce qu'il n'y a pas de vent pire ailleurs !

Humour noir pour nuits blanches

Une femme demande à son médecin :

— Qu'est-ce que j'ai, docteur ?

— Vous avez une maladie incurable. Vous allez mourir dans environ deux mois.

— Hein ? Si vous permettez, j'aimerais quand même avoir un second avis !

— Bien entendu ! En plus, vous êtes moche !

Au lit les petits !

Une petite fille interroge sa maman :

— Dis, maman, c'est bien le bon Dieu qui nous donne notre pain quotidien ?

— Oui, ma fille. C'est le bon Dieu...

— Dis, maman, c'est bien le Père Noël qui nous apporte les cadeaux à Noël ?

— Oui, ma puce. C'est le Père Noël...

— Dis, maman, c'est bien les cigognes qui apportent les bébés ?

— Oui, ma chérie. Ce sont les cigognes...

— Mais alors, maman, à quoi il sert, papa ?

Mot caché

Retrouvez les mots de cette liste
pour découvrir le mot caché !

appareil	homard
bordure	nerf
cloque	pendant
donc	position
fermer	puit
gares	ramper
girafe	terminer
heures	transport

g	a	r	e	s	t	p	u	i	t
p	e	r	u	d	r	o	b	s	t
o	l	i	e	r	a	p	p	a	e
s	r	o	i	e	n	c	r	p	r
i	e	h	s	f	s	l	a	e	m
t	m	o	e	a	p	o	m	n	i
i	r	m	r	r	o	q	p	d	n
o	e	a	u	i	r	u	e	a	e
n	f	r	e	g	t	e	r	n	r
r	s	d	h	c	n	o	d	t	f

Boggle

Trouvez le maximum de mots
de 4 lettres et plus !

Coin nuit

lotez ici ce
ue vous ne souhaitez
as oublier et qui pourrait
ous empêcher de dormir :

hassez vos idées noires :

Qui dort dîne

Une blonde souhaite perdre du poids avant l'été.
— Tu fais un régime ? lui demande une copine.
— Oui ! Désormais, je ne mange le Nutella qu'à la petite cuillère. Le pain, ça fait trop grossir !

Histoire à dormir debout

Un policier interroge un voleur :
— Pourquoi ne pas avoir rendu son portefeuille à cette dame ?
— Par instinct, monsieur l'inspecteur...
— L'instinct... Quel instinct ?
— L'instinct de conservation !

Une petite avant de s'endormir

Pourquoi les fous aiment-ils les vélos ?
Parce qu'ils déraillent !

Alité

À la suite d'un grave accident de la circulation, un homme se réveille brusquement dans son lit d'hôpital. Il hurle :
— Docteur ! Docteur !
— Que se passe-t-il ? demande l'infirmière.
— Aidez-moi ! Je ne sens plus mes jambes !
— C'est normal, monsieur. On vous a amputé des deux bras...

Humour pour nuits blanches

Un enfant demande à ses parents :
— Est-ce que j'ai été adopté ?
— Non, répondent-ils, nous n'avons mis l'annonce qu'hier !

À méditer avant de s'endormir

Celui qui pose le panneau « Ne pas toucher : danger de mort ! » est-il mort ?

Cervelle en sommeil

Une blonde demande à une autre blonde :
— Tu connais la différence entre un bus et un taxi ?
— Oh, là, là, toi et tes blagues ! Non, je ne sais pas.
— Bon ben... Qu'est-ce qu'on fait, on y va à pied ?

Non mais je rêve !

Une belle-mère consulte son gendre, qui est médecin. La femme tire la langue depuis cinq grosses minutes et finit par dire :
— Je dois encore tirer la langue longtemps ? Vous ne l'avez même pas regardée !
— Non, c'est bon. C'était juste pour avoir un peu de silence pendant que je rédigeais votre ordonnance, belle-maman...

Trois doses de rire

À méditer avant de s'endormir

Pourquoi construire des murs de prison autour des cimetières alors que personne ne risque de s'échapper ?

Un couple de rêve

Un homme entre dans une officine et demande une boîte de Viagra au pharmacien :
— Bien sûr, lui répond le pharmacien. Je peux voir votre ordonnance ?
— Heu… Je n'en ai pas… Mais j'ai amené une photo de ma femme !

Dans de beaux draps

Un inspecteur demande à la jeune conductrice qui passe son permis :
— Imaginez que vous êtes sur une route avec un précipice à gauche et à droite, et qu'une vieille mamie, suivie d'un petit enfant, traverse. Qu'est-ce que vous écrasez ?
La jeune conductrice réfléchit un moment et répond :
— La vieille ?
— Recalée ! fait l'inspecteur. C'est le frein qu'il faut écraser !

Une petite avant de s'endormir

Pourquoi les nains portent-ils un bonnet rouge ?
Pour qu'on les voie quand on tond la pelouse !

Labyrinthe

Saurez-vous trouver le chemin du sommeil ?

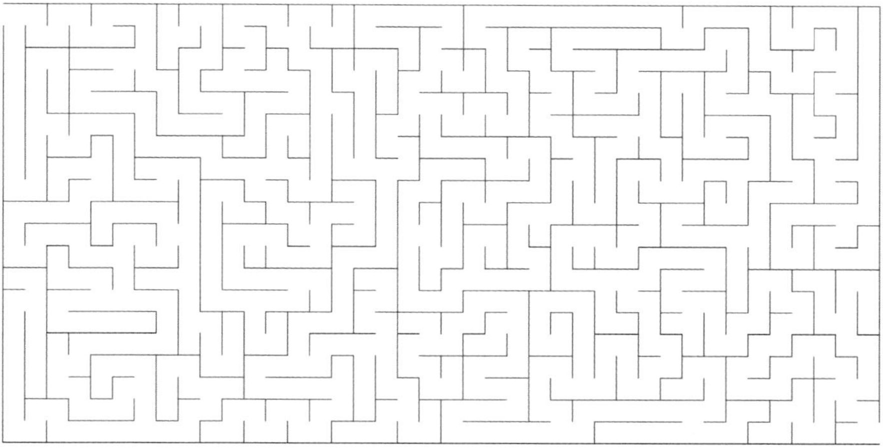

Activité défoulatoire

Rêvez un peu et dessinez dans les étoiles en les reliant entre elles !

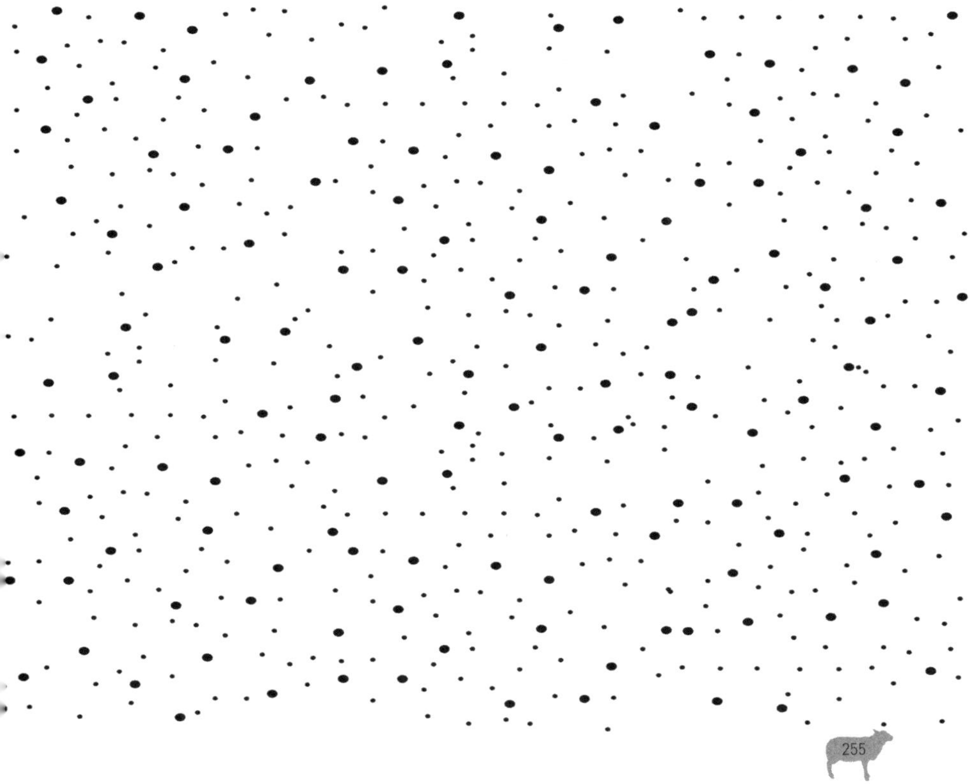

Comptez les moutons pour vous endormir !

Nombre total de moutons : ....

Deux moutons belliqueux ne sont pas contents. Lesquels ?

Une petite avant de s'endormir

Qu'est-ce qu'un autobus ?
C'est un véhicule qui roule dix fois plus vite lorsqu'on court pour le rattraper que lorsqu'on est dedans.

Humour noir pour nuits blanches

Un gamin de huit ans arrive en courant vers son père et lui montre fièrement l'arc qu'il vient de fabriquer avec une branche de noisetier et un bout de ficelle.
— Regarde ce que j'ai fait, papa ! Un arc qui tire !
— Et alors ? fait dédaigneusement le père. Tu crois que je vais être fier de toi ? Regarde ce que font les enfants de ton âge, en Chine ! dit-il en lui montrant son smartphone.

Cervelle en sommeil

Un homme reçoit chez lui une blonde à dîner. Il organise un repas romantique et, juste avant de passer à table, il se dirige vers sa chaîne et demande à la blonde :
— Que souhaitez-vous... Verdi ? Rossini ? Salieri ? Vivaldi ? Paganini ?
— Heu... Disons... Paganini, mais sans sauce tomate !

Une mignonne pour faire de beaux rêves

Quel est le comble pour un laveur de carreaux ?
C'est d'avoir sa chemise à carreaux sale.

Labyrinthe

Saurez-vous trouver le chemin du sommeil ?

Message codé

Selon le principe des lettres de l'alphabet décalées et le code « tu es alité » (Tu es « A » lis « T »), déchiffrez cette phrase :

« Ihnk whkfbk mktgjnbeex, be ytnm g'tohbk ctftbl ytbm vxkmtbgl kxoxl. »

Teykxw wx Fnllxm

Réponse : ....

....

Boggle

Trouvez le maximum de mots de 4 lettres et plus !

....

....

....

....

Coin nuit

Notez ici ce qu
vous ne souhaitez pa
oublier et qui pourrait vou
empêcher de dormir : ....

....

....

....

Dans quelle(s) tenue(s) aimerie
vous que votre moitié dorme ? ....

....

....

Un couple de rêve

Un petit garçon demande à sa mère :
— Est-ce que la baby-sitter est un ange ?
— En quelque sorte, oui, c'est vrai qu'elle est très gentille avec toi...
— Et un ange, ça a des ailes ?
— Oui. Mais pourquoi me demandes-tu tout ça ?
— Parce que j'ai entendu papa l'appeler « mon ange ». Tu crois qu'elle va s'envoler ?
— Oh que oui !

Un dernier avant d'aller se coucher

Lors d'un cocktail mondain, une femme réprimande son époux :
— Chéri, je constate que c'est la huitième fois que tu vas chercher un whisky au buffet ! Que vont penser les gens ?
— T'inquiète pas pour ça... À chaque fois, je dis que c'est pour toi !

Fermons les yeux

Un homme à son médecin :
— Est-ce qu'il vous arrive de vous tromper de diagnostic ?
— Absolument jamais, madame !

Une petite avant de s'endormir

Pourquoi les Schtroumpfs sont-ils bleus ?
Parce que leurs culottes sont trop serrées.

Combien de temps résisterez-vous à l'envie de plonger dans les bras de Morphée en complétant le tableau de conjugaison ci-dessous avec le verbe « somnoler » ?

Indicatif présent
je ....
tu ....
il/elle ....
nous ....
vous ....
ils/elles ....

Indicatif imparfait
je ....
tu ....
il/elle ....
nous ....
vous ....
ils/elles ....

Indicatif passé simple
je ....
tu ....
il/elle ....
nous ....
vous ....
ils/elles ....

Indicatif futur simple
je ....
tu ....
il/elle ....
nous ....
vous ....
ils/elles ....

Indicatif passé composé
j'..............................
tu ....
il/elle ....
nous ....
vous ....
ils/elles ....

Indicatif plus-que-parfait
j'..............................
tu ....
il/elle ....
nous ....
vous ....
ils/elles ....

Indicatif passé antérieur
j'..............................
tu ....
il/elle..............................
nous ....
vous ....
ils/elles ....

Indicatif futur antérieur
j'..............................
tu ....
il/elle ....
nous ....
vous ....
ils/elles ....

Subjonctif présent

je ....
tu ....
il/elle ....
nous ....
vous ....
ils/elles ....

Subjonctif imparfait

je ....
tu ....
il/elle ....
nous ....
vous ....
ils/elles ....

Subjonctif passé

j'..............................
tu ....
il/elle ....
nous ....
vous ....
ils/elles ....

Subjonctif plus-que-parfait

j'..............................
tu ....
il/elle ....
nous ....
vous ....
ils/elles ....

Conditionnel présent

je ....
tu ....
il/elle ....
nous ....
vous ....
ils/elles ....

Conditionnel passé 1re forme

j' ....
tu ....
il/elle ....
nous ....
vous ....
ils/elles ....

Conditionnel passé 2e forme

j' ....
tu ....
il/elle ....
nous ....
vous ....
ils/elles ....

Impératif présent

....
....
....

Impératif passé

....
....
....

Infinitif présent

....

Infinitif passé

....

Participe présent

....

Participe passé

....
....

Sudoku

Complétez la grille de manière à ce que chaque ligne, chaque colonne et chaque carré de 3 × 3 contienne une seule fois les chiffres de 1 à 9.

3	9	2					7	4
6			3	4	7	2		
1		7	6		9			5
2		8				4	5	
4				5		1	2	3
5	1			9	4	7	6	8
	3	6		8	2		1	
		1				8	4	6
		4	7	6			3	2

Message codé

Selon le principe des lettres de l'alphabet décalées et le code « tu es alité » (Tu es « A » lis « T »), déchiffrez cette phrase :

« T e'ahmxe wx et wxvblbhg exl zxgl whkfxgm ubxg. »

Proverbe persan

Réponse : ....

....

Mot caché

Retrouvez les mots de cette liste pour découvrir le mot caché !

abeille	miel
brebis	radeau
cacher	roses
campagne	rot
champs	rouges
comble	soleil
compagne	tardive
matin	tentative

s	u	s	c	o	m	b	l	e	s
o	t	a	o	m	a	t	i	n	e
e	e	a	e	l	t	o	r	g	s
r	n	m	b	d	e	t	n	a	o
o	t	g	b	e	a	i	o	p	r
u	a	l	a	r	i	r	l	m	e
g	t	e	d	p	e	l	u	o	h
e	i	i	r	s	m	b	l	c	c
s	v	l	e	i	m	a	i	e	a
e	e	s	p	m	a	h	c	s	c

Une petite avant de s'endormir

Pourquoi faut-il des millions de spermatozoïdes pour fertiliser un seul ovule ?
Parce que, comme leur propriétaire, les spermatozoïdes refusent de demander leur chemin.

Histoire à dormir debout

Un homme entre dans une épicerie. Sur la porte, un énorme panneau prévient la clientèle : « Attention au chien ! » Le type entre prudemment dans le magasin et aperçoit, près des fruits et légumes, un minuscule Yorkshire en train de faire la sieste.
L'homme s'adresse alors à l'épicier :
— Vous n'aviez pas besoin de poser un tel panneau à l'entrée, votre chien me paraît très pacifique !
L'épicier lui répond :
— Si j'ai mis un écriteau, c'est parce que tout le monde lui marchait dessus !

Non mais je rêve !

Une belle-mère à son gendre :
— Un jour ou l'autre, vous me ferez mourir de chagrin !
— Bonne idée ! lui répond-il. Comme ça, on ne trouvera pas l'arme du crime !

À méditer avant de s'endormir

Pourquoi choisir dix cartes postales différentes alors qu'elles ne sont pas adressées à la même personne ?

Un couple de rêve

Une femme annonce à une amie :
— Hier, j'ai vu ton mari se rendre à la plage avec une jolie fille pendue à son bras...
— Et alors ? Tu ne crois pas qu'à son âge il va y aller avec un seau et une pelle ?

Non mais je rêve !

Dans un train, un type pose sa grosse et très lourde valise en équilibre sur l'étagère, juste au-dessus de la tête d'une vieille dame.
— Votre valise ne risque-t-elle pas de tomber ? demande la dame.
— Ne vous inquiétez pas ! répond le voyageur. Je n'ai rien de fragile dedans !

Une mignonne pour faire de beaux rêves

Une girafe demande à un zèbre :
— Tu aimes les girafes, toi ?
— Oui, beau cou...

Une petite avant de s'endormir

Pourquoi l'Irlande est-elle la meilleure destination de voyage ?
Parce qu'un peu d'Eire, ça fait Dublin !

Comptez les moutons pour vous endormir !

Nombre total de moutons : ....

Trois moutons tirent la langue... Lesquels ?

À méditer avant de s'endormir

Franchement, court-on plus vite ventre à terre ?

Un couple de rêve

La veille de la Saint-Valentin, un homme interroge son épouse :
— Que souhaites-tu que je t'offre pour la Saint-Valentin ?
Je n'ai pas d'idée… Des fleurs ?
— Pas original du tout.
— Du parfum ? Ça te ferait plaisir ?
— Dis aussi que je sens mauvais !
— Je sais pas moi… Un week-end en amoureux ? Ça te dirait ?
— Pfff !
— Aide-moi, s'il te plaît ! Dis-moi ce que tu veux !
— Ce que je veux, c'est divorcer !
— Ah non ! Je n'ai pas prévu de dépenser autant.

Une petite avant de s'endormir

Qu'est-ce qu'une personne qui remet toujours les choses au lendemain ?
Une personne qui a le sens des « à faire ».

Au lit les petits !

Un enfant observe les nuages et dit à son papa, en pointant le ciel du doigt :
— Papa ! Regarde ! J'ai vu un aroplane dans le ciel !
— On dit « avion ».
— Oui ! J'avion vu un aroplane, papa !

Labyrinthe

Saurez-vous trouver le chemin du sommeil ?

Kalkultou

Trouvez les chiffres manquants en résolvant toutes les opérations.

2	+		-	2	-		=	0
+		-		-		+		+
	-	2	+		-	8	=	0
-		+		+		-		+
6	+		+	4	-		=	8
+		-		+		-		-
1	+	7	+		-	7	=	4
=		=		=		=		=
1	-	0	+	3	-	0	=	4

Coin nuit

otez ici ce que vous ne souhaitez pas oublier et qui pourrait ous empêcher de dormir : ……………………………………

……………………………………………………………………

……………………………………………………………………

uels ont été les bons moments, les choses positives des journées assées ? ……………………………………

……………………………………………………………………

……………………………………………………………………

À méditer avant de s'endormir

Puisqu'un homme averti en vaut deux, un homme à moitié averti est-il bien totalement averti ?

Un dernier avant d'aller se coucher

Deux piliers de bar parlent de la mort :
— Tu as prévu tes obsèques, toi ?
— Oui ! Je serai enterré.
— Pas moi ! Je vais me faire incinérer. C'est plus propre, plus rapide, moins cher et plus pratique pour tout le monde !
— Peut-être bien mais moi, enterré, j'suis sûr de toujours avoir un vers dans le nez !

Une petite avant de s'endormir

Qu'est-ce qu'un optimiste ?
Quelqu'un qui plante deux glands dans un jardin et part en courant s'acheter un hamac.

Tapage nocturne

Un type se plaint de ses voisins du dessus :
— Ils sont pénibles ! Ils ont frappé du pied jusqu'à trois heures du matin !
— Ils vous ont réveillé ?
— Heureusement, non ! Par chance, je jouais de la cornemuse !

Un couple de rêve

Un enfant à son père :
— Dis, papa, pourquoi tu t'es marié avec maman ?
— Ah ! Toi aussi, tu te poses la question ?

Une mignonne pour faire de beaux rêves

Quel est le comble pour un chasseur ?
C'est de se faire poser un lapin.

Une petite avant de s'endormir

Que faut-il faire si un pitbull se frotte et s'excite sur votre jambe ?
Simulez l'orgasme...

Non mais je rêve !

Une vieille dame téléphone au commissariat pour se plaindre d'un exhibitionniste. Un inspecteur se rend chez elle et la vielle femme lui explique :
— Tous les matins, le voisin d'en face se met tout nu devant ma fenêtre !
L'inspecteur jette alors un œil par la fenêtre et dit :
— Mais on ne voit pas chez le voisin !
— Si ! répond la vielle dame. Il faut monter sur une chaise pour voir.

Une petite avant de s'endormir

Quelle différence y a-t-il entre un mur et un agent de police ?
Essayez de pisser contre un agent de police…

Cervelle en sommeil

Une blonde s'apprête à s'asseoir sur un banc qui vient juste d'être repeint. Le gardien du parc l'interpelle :
— Mademoiselle, attention ! La peinture du banc est encore fraîche !
— C'est pas grave ! dit la blonde. Je ne suis pas frileuse…

Un couple de rêve

Un homme raconte à un copain :
— Hier soir, quand je suis rentré chez moi, j'ai surpris ma femme au lit avec un Chinois ! Tu imagines ça ?
— Mal… Mais qu'est-ce que tu as dit ?
— Que veux-tu que je dise ? Je ne parle pas un mot de chinois !

Histoire à dormir debout

Quelle différence y a-t-il entre un caleçon et un car de l'Assemblée nationale ?
Dans le caleçon, il n'y a qu'un trou du cul !

Kalkultou

Trouvez les chiffres manquants en résolvant toutes les opérations.

7	+	2	-		+	1	=	5
-		+		+		-		-
4	+		-	9	+		=	3
+		-		-		+		+
	-	7	+		+	2	=	3
+		+		-		+		+
1	-		+	5	-		=	0
=		=		=		=		=
7	+	3	-	4	-	1	=	5

Sudoku

Complétez la grille de manière à ce que chaque ligne, chaque colonne et chaque carré de 3 × 3 contienne une seule fois les chiffres de 1 à 9.

7		8			5		6	1
	5			8	9	7	2	4
1	2	4	7	3	6		5	
9	4					1		8
2	3				8		9	5
	8	7			4			
			4		1	9		6
	6	2			3	5	1	7
	1	9	5	6	7		4	

t	e	s	r	i	o	r	i	m	t
n	u	s	p	l	o	n	g	e	r
a	q	e	e	c	n	i	r	p	a
m	i	s	l	i	f	e	c	n	i
r	g	s	u	i	n	s	o	e	n
a	a	o	s	e	c	o	u	r	s
h	m	b	m	e	t	t	r	t	x
c	r	o	u	g	i	r	a	n	i
e	r	e	g	n	a	r	g	o	o
p	s	n	i	t	u	l	e	m	v

Mot caché

Retrouvez les mots de cette liste pour découvrir le mot caché !

bosses	plonger
charmant	prince
courage	promener
fils	ranger
lutins	rougir
magique	secours
miroirs	trains
montre	voix

Comptez les moutons pour vous endormir !

Nombre total de moutons : ....

Deux de ces moutons n'ont pas de jumeau. Lesquels ?

Une dose de rire

Au lit les petits !

C'est la veille de Noël. Toute une famille est réunie. Un petit garçon qui attend impatiemment le passage du Père Noël se met à hurler :
— Je veux un circuit de voiture ! Je veux un circuit de voiture !
Son père lui demande de se taire, mais quelques instants plus tard, le petit garçon reprend :
— Je veux un circuit de voiture ! Je veux un circuit de voiture !
Sa mère intervient :
— Arrête de crier comme ça ! Le Père Noël n'est pas sourd !
— Oui, maman. Le Père Noël n'est pas sourd, mais mémé, oui !

Non mais je rêve !

Une belle-mère engueule son gendre :
— Mais vous ne m'écoutez donc jamais ? Cela fait mille fois que je vous le dis et que je me tue à vous le répéter !
— Si, si ! J'entends... mais je vous laisse mourir...

Un couple de rêve

Un type révèle à un copain :
— À la maison, c'est moi qui fais toutes les tâches ménagères !
— C'est bien !
— Ouais ! Et c'est ma femme qui les nettoie...

À méditer avant de s'endormir

Chier sur un pigeon peut-il être considéré comme de la légitime défense ?

Activité défoulatoire

Dessinez et coloriez
l'intérieur des ailes
de ce papillon
(de nuit) !

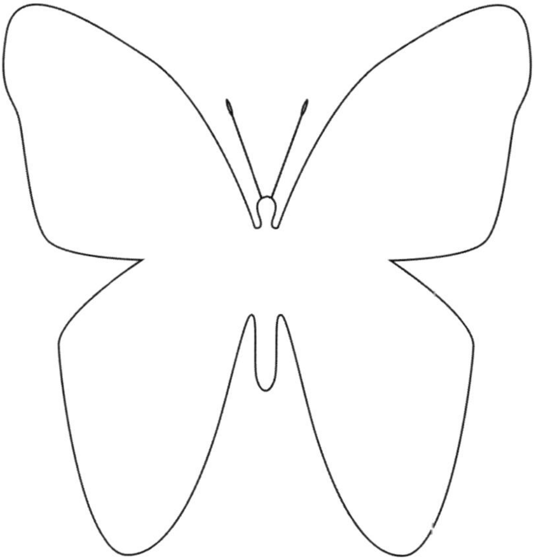

Sudoku

Complétez la grille de manière à ce que chaque ligne, chaque colonne et chaque carré de 3 × 3 contienne une seule fois les chiffres de 1 à 9.

		3				7		
8		7	5			4	1	2
1					2	3		6
7	1	5	2	3			6	
	2		9					1
			1	8		2	7	3
				5		8	3	
						1	2	
9	3	1	4	2		6		

Coin nuit

Notez ici ce qu
vous ne souhaitez pa
oublier et qui pourrait vou
empêcher de dormir : ....

....

....

....

Ce qui vous a énervé ces dernier
jours : ....

....

....

Un couple de rêve

Une femme annonce à son mari :
— J'ai une bonne et une mauvaise nouvelle… D'abord, je veux divorcer.
— Bien. Et la mauvaise nouvelle ?

Une petite avant de s'endormir

Qu'est-ce qu'un optimiste ?
Quelqu'un qui commence à faire ses mots croisés au stylo à bille.

À méditer avant de s'endormir

Si on mange du savon, est-ce que ça va chier des bulles ?

Au lit les petits !

Des parents attendent leurs garnements à la sortie de l'école.
Après que la cloche a sonné, seul un petit garçon sort.
Ses parents s'approchent de lui et lui demandent :
— Tu es tout seul à sortir ?
— Oui ! fait le garçon.
Puis, se tournant vers les parents des autres élèves, il crie :
— Tout le monde est puni, sauf moi !
Ses parents, très fiers, l'interrogent :
— Tu es le seul à ne pas être puni ?
— Oui ! Moi, je suis renvoyé !

Un dernier avant d'aller se coucher

Deux types discutent au comptoir d'un bar :
— Pourquoi tu bois, toi ?
— Je n'en peux plus... Je ne supporte plus la pression. Et toi ?
— Moi, je la supporte très bien : c'est la huitième que je bois !

Cervelle en sommeil

Sur une aire de repos d'autoroute, une blonde arrive affolée à la caisse de la station-service et demande au caissier :
— Excusez-moi ! Vous n'auriez pas vu un camion de pintades ?
— Pourquoi ? répond le caissier. Vous êtes tombée ?

Humour noir pour nuits blanches

Un type rentre chez lui complètement bourré.
— Encore saoul ! hurle sa femme. Et comment es-tu rentré ? En voiture ?
— Ah non ! J'ai promis que j'prends plus la voiture quand... quand j'bois ! Par contre, c'est la première fois que j'conduis un car de ramassage scolaire !

Une mignonne pour faire de beaux rêves

Quel est le comble pour un fleuriste ?
C'est de ne pas avoir de pot...

Un couple de rêve

Une femme demande à une amie :
— À ton avis, est-ce que mes seins sont plus beaux que les tiens ?
— Je ne sais pas...
— Et mes fesses ? Est-ce qu'elles sont plus belles que les tiennes ?
— Je n'en sais rien...
— Mon sexe... Mon sexe est-il plus beau que le tien ?
— Tu m'énerves avec tes questions ! Comment veux-tu que je sache ? Si tu veux des réponses, demande à ton mari !

Au lit les petits !

Une institutrice s'inquiète des résultats d'un de ses élèves.
— Que se passe-t-il ? Les devoirs que tu rends sont catastrophiques !
— C'est mon père... Cette année, il est complètement largué !

À méditer avant de s'endormir

Comment peut-on être certain que la lumière du frigo est bien éteinte lorsque la porte est fermée ?

Une petite avant de s'endormir

Quel point commun y a-t-il entre les enfants et les maris ?
Quand ils sont adorables, ce sont toujours ceux des autres...

Labyrinthe

Saurez-vous trouver le chemin du sommeil ?

Message codé

Selon le principe des lettres de l'alphabet décalées et le code « tu es alité » (Tu es « A » lis « T »), déchiffrez cette phrase :

« Vxenb jnb ltbm uxtnvhni whkm ixn. »

Proverbe russe

Réponse : ....

....

....

....

Sudoku

Complétez la grille de manière à ce que chaque ligne, chaque colonne et chaque carré de 3 × 3 contienne une seule fois les chiffres de 1 à 9.

		7	2	5	3			
5	8	1	6	4	7		2	9
3		2	8			7		
6			9	3				2
						5	4	3
7		3		8		9		
		6	1	9		4		7
1	7		3			2		5
9	3					6	8	1

Cervelle en sommeil

Pourquoi les blondes nagent-elles à reculons ?
Pour ne pas avoir d'eau dans les yeux !

Une mignonne pour faire de beaux rêves

Comment sait-on que c'est l'été en Bretagne ?
La pluie est moins froide !

Histoire à dormir debout

Un homme achète un tableau. Au moment de régler, le vendeur lui dit :
— Vous faites une affaire, monsieur. Ce tableau représente vingt ans de travail !
— Le peintre a mis vingt ans pour le réaliser ?
— Oh non ! Ma fille l'a réalisé en certainement moins de dix minutes avec sa maîtresse, lorsqu'elle elle était à l'école maternelle. Mais moi, ça m'a pris vingt ans pour le vendre !

Une petite avant de s'endormir

Lorsque qu'une pomme est tombée sur la tête de Newton, il a découvert la gravité. Qu'a-t-il découvert d'autre ?
Le mal de tête !

Une mignonne pour faire de beaux rêves

Une grenouille demande à un crapaud :
— T'as regardé l'émission sur l'accouplement des grenouilles, hier ?
— Non, c'était tard...

Au lit les petits !

Un petit garçon se brosse les dents avant d'aller au lit. Il entend l'orage gronder dehors et cela l'effraie un peu. Il fait une suggestion à sa maman :
— Est-ce que je peux dormir avec toi, maman ?
La maman le prend tendrement dans ses bras et lui dit :
— Tu sais bien que maman ne peut pas. Maman dort toujours avec papa.
L'enfant fait une moue triste et dit :
— C'est vraiment un gros bébé, papa !

Cervelle en sommeil

Pourquoi les blondes plantent-elles de l'ail sur le bord des autoroutes ?
Parce que c'est excellent pour la circulation !

À méditer avant de s'endormir

Puisque lorsqu'on me parle anglais, pour moi, c'est du chinois, si je parle français à un Chinois, pour lui, est-ce de l'anglais ?

Comptez les moutons pour vous endormir !

Nombre total de moutons : ....

Ces deux troupeaux sont parfaitement identiques. À deux exceptions !

Une petite avant de s'endormir

Pourquoi ne faut-il emprunter de l'argent qu'aux pessimistes ?
Parce qu'ils sont persuadés qu'ils ne seront jamais remboursés.

Non mais je rêve !

Une trentaine de personnes assiste à l'enterrement d'un milliardaire. Une seule pleure à chaudes larmes.
Le prêtre va à sa rencontre et lui demande :
— Vous êtes de la famille ?
Et l'inconsolable lui répond :
— Non, justement !

Cervelle en sommeil

Une blonde voit une autre blonde en train de lire l'annuaire.
— Il est bien, ton livre ? lui demande-t-elle.
— Oui, mais il y a un peu trop de personnages…

Au lit les petits !

La maîtresse interroge Toto :
— Par quelle lettre commence « hier » ?
— Par un « D », madame !
— Par un « D » ? Tu en es certain ?
— Ben… oui. Hier, on était dimanche.

Sudoku

Complétez la grille de manière à ce que chaque ligne, chaque colonne et chaque carré de 3 × 3 contienne une seule fois les chiffres de 1 à 9.

		5	4	1		3	8	9
1	8		3		6			7
4		9	7	8	5	2	1	6
	9		5	4	8	6		
5	2					9	4	
		4				1		5
7	1			5	9		6	4
2			1	6				3
9	4	6					2	

Boggle

Trouvez le maximum de mots de 4 lettres et plus !

....

....

....

....

....

Kalkultou

Trouvez les chiffres manquants en résolvant toutes les opérations.

8	-		+	2	-	1	=	7
+		-		-		+		+
	-	3	+		-	4	=	4
-		+		+		-		-
2	-		+	5	+		=	4
-		-		+		-		-
	+	1	-		+	1	=	5
=		=		=		=		=
5	-	5	+	2	+	0	=	2

otez ici ce que vous ne souhaitez pas oublier et qui pourrait
ous empêcher de dormir :

hassez vos idées noires :

Avant d'aller se coucher

Un type rentre chez lui après une soirée bien arrosée.
Sa femme l'attend de pied ferme.
— Te voilà enfin ! Tu veux m'expliquer pourquoi tu rentres à moitié bourré ?
— Ben... C'est pas ma faute, j'avais plus d'argent pour boire...

Au lit les petits !

Toto et ses parents sont invités à dîner chez des amis.
Au moment du dessert, Toto, qui semble avoir beaucoup apprécié le gâteau au chocolat, se sert une seconde part sans rien demander. Sa mère le réprimande :
— Mais enfin ! Tu n'as pas de langue ?
— Si... Mais mon bras est plus long !

Cervelle en sommeil

Un type demande à une blonde :
— Quelle différence y a-t-il entre le temps et l'éternité ?
— J'sais pas...
— Eh bien, si je prenais le temps de te l'expliquer, il faudrait une éternité pour que tu la comprennes !

Une petite avant de s'endormir

Qu'est-ce qu'une voyante qui lit dans le sucre en poudre ?
Une extra-glucide !

Ils nous endorment…

Quel point commun y a-t-il entre le gouvernement et un Kinder ?
Ils réservent bien des surprises !

Non mais je rêve !

Une femme téléphone à son mari :
— Chéri, je crois qu'il y a un petit souci avec la voiture…
— Qu'est-ce qu'elle a ? Je savais qu'il ne fallait pas que tu la touches !
— T'énerves pas, chéri. Je pense que j'ai noyé le carburateur…
— Ouf ! C'est tout ? Depuis quand tu t'y connais en mécanique ? Où est la voiture ?
— Au fond d'un lac…

Cervelle en sommeil

Un homme demande à une copine blonde :
— Dis-moi, pourquoi la boîte Tupperware est toute fondue ?
— Je suis désolée, je l'avais mise au four… Mais c'est pas grave, je lui ai pris un rendez-vous chez mon chirurgien plastique !

Une mignonne pour faire de beaux rêves

Un petit garçon interroge son père :
— Papa, quel âge il avait le petit Robert quand il a écrit le dictionnaire ?

Trois doses de rire

Au lit les petits !

La maîtresse de Toto est malade. Une remplaçante est venue assurer la classe pour la journée. Elle s'adresse à Toto :
— Comment t'appelles-tu ?
— Je m'appelle Glloq, madame !
— Glloq ? Et comment l'écris-tu ?
— J'ai deux ailes au cul !

Une petite avant de s'endormir

Deux vieilles mamies discutent sur un banc :
— J'ai entendu aux infos qu'en Chine, une femme avait brûlé son mari !
— Ah ? Eh bien ! Quand je pense que nous on n'en trouve pas et que là-bas, on les brûle !

Un dernier avant d'aller se coucher

Deux clochards s'apprêtent à pique-niquer dans un parc.
— Alors, qu'est-ce que tu as amené de bon ? demande le premier.
— Quatre bouteilles de pinard et une baguette de pain.
— T'es fou ! Qu'est-ce qu'on va faire de tout ce pain ?

À méditer avant de s'endormir

Pourquoi les dentistes nous posent-ils des questions quand ils ont leurs doigts dans notre bouche ?

Labyrinthe

Saurez-vous trouver le chemin du sommeil ?

Message codé

Selon le principe des lettres de l'alphabet décalées et le code « tu es alité » (Tu es « A » lis « T »), déchiffrez cette phrase :

« Jnb ftnotblx vhglvbxgvx t, gnbm xm chnk gx whkm itl. »

Proverbe français

Réponse : ....

....

....

....

Sudoku

Complétez la grille de manière à ce que chaque ligne, chaque colonne et chaque carré de 3 × 3 contienne une seule fois les chiffres de 1 à 9.

	7	4						8
						3	2	
2				3	8		4	
8	4	3		7	1			9
1	2		4		5		8	
7	6	5	3			4		
	9	2			6			
	1	8	9	5	3		7	
5	3	7	8		4	6		

Comptez les moutons pour vous endormir !

Nombre total de moutons : ....

Trois moutons ne bêlent pas... Où sont-ils ?

Un dernier avant d'aller se coucher

Au comptoir d'un bar, un type noie son chagrin dans l'alcool. Un habitué des lieux lui demande :
— Pourquoi tu bois, toi ?
— Ma femme et moi avons eu neuf enfants, mais notre couple bat de l'aile depuis quelques années…
— Ah… Et pourquoi vous ne divorcez pas ?
— Parce que ma femme et moi avions conclu un accord : le premier qui demande le divorce garde tous les enfants !

Une mignonne pour faire de beaux rêves

Que dit un petit pois mâle pour draguer un petit pois femelle ?
Ça te dirait de venir en boîte avec moi ?

Cervelle en sommeil

Une blonde raconte à sa copine :
— J'ai encore eu un accident de voiture !
— Quoi ?!
— Oui ! Cette fois-ci, c'est à cause des vitres teintées…
— Je n'avais pas remarqué que ta voiture avait les vitres teintées…
— Elle ne les avait pas, c'est moi qui les ai teintées ! En posant de la moquette dessus…

Mot caché

Retrouvez les mots de cette liste pour découvrir le mot caché !

avoir	jambes
barman	legende
client	passant
converser	pouvoir
creux	rencontre
cuisses	rigoler
guerre	venir
horaire	visage

l	s	e	s	s	i	u	c	s	r
s	e	b	m	a	j	l	o	e	p
e	e	g	a	s	i	v	s	r	a
r	r	m	e	e	m	r	n	t	s
i	r	i	n	n	e	i	a	n	s
o	e	t	a	v	d	n	m	o	a
v	u	e	n	r	i	e	r	c	n
u	g	o	r	i	o	v	a	n	t
o	c	r	e	u	x	h	b	e	l
p	r	i	g	o	l	e	r	r	s

Kalkultou

Trouvez les chiffres manquants en résolvant toutes les opérations.

1	+	6	-		+	3	=	5
-		+		+		-		-
5	+		-	4	+		=	6
+		-		-		+		+
	-	7	+		+	4	=	3
+		+		-		+		+
8	-		+	3	-		=	2
=		=		=		=		=
6	+	9	-	2	-	9	=	4

Coin nuit

Notez ici ce que vou
ne souhaitez pas oublier
qui pourrait vous empêcher d
dormir : ....

....

....

Estimez la puissance de vos ronflemen
sur une échelle de 1 à 10 : ....

Estimez la puissance des ronflemen
de votre moitié sur une échel
de 1 à 10 : ....

Une petite avant de s'endormir

Pourquoi le permis de pêche est-il toujours ouvert
avant le permis de chasse ?
Parce qu'il vaut mieux sortir la gaule avant de tirer un coup.

Non mais je rêve !

Un médecin rentre chez lui juste au moment où le téléphone sonne. Il décroche. C'est un de ses collègues qui lui dit :
— Tu peux venir ? Il nous manque un quatrième joueur pour le poker.
— Très bien, j'arrive !
Sa femme sort de la cuisine et lui demande :
— Qu'est-ce qui se passe ? Tu dois repartir ? C'est grave ?
Et il lui répond :
— Il y a déjà trois médecins sur place !

Au lit les petits !

La maman de Toto le réveille pour qu'il se lève et se prépare pour l'école. Encore tout endormi, il s'habille, mais enfile les vêtements de sa sœur. Il se dirige ensuite vers la salle de bains, s'aperçoit dans le miroir et s'écrie :
— Mince ! Maman s'est trompée, elle a réveillé ma sœur !
Et il repart se coucher.

Cervelle en sommeil

Quelle différence y a-t-il entre une blonde et un éléphant ?
L'éléphant a tout le temps sa trompe, et la blonde se trompe tout le temps !

Au lit les petits !

La maîtresse raconte l'histoire des trois petits cochons à sa classe :
— ... La maman embrassa ses trois petits cochons et leur dit au revoir les larmes aux yeux. Ils s'en allèrent de chez eux construire leurs maisons. Le premier petit cochon rencontra un homme portant une botte de paille. « Puis-je avoir un peu de paille pour construire ma maison ? », demanda le petit cochon. À votre avis, dit la maîtresse en s'adressant à ses élèves, qu'a répondu l'homme portant une botte de paille ?
Toto lève la main et répond :
— Il a gueulé : « Oh putain ! Un cochon qui parle ! »

Une mignonne pour faire de beaux rêves

À la tombée de la nuit, un ver luisant rencontre une jolie limace.
— Tu es belle... J'aimerais t'embrasser !
La limace rougit et lui répond :
— D'accord, mais éteins la lumière !

À méditer avant de s'endormir

Comment une personne incinérée peut-elle se retourner dans sa tombe ?

Une petite avant de s'endormir

Quel avantage y a-t-il à tomber en panne d'essence ?
La voiture est moins lourde à pousser que si le réservoir est plein.

Un dernier avant d'aller se coucher

Qu'est-ce qu'un zigzag ?
C'est la plus courte distance entre deux bars !

Non mais je rêve !

Au moment de payer sa baguette à la boulangère, un habitué s'aperçoit qu'il lui manque dix centimes.
— Je suis désolé, il me manque dix centimes et…
— Ce n'est pas grave ! dit la boulangère. Vous me les donnerez demain ?
— Oui, bien sûr ! Mais… si je meurs d'ici demain ? dit l'homme pour plaisanter.
— Oh… Eh bien, ce ne sera pas une grosse perte ! lui répond la boulangère.

Kalkultou

Trouvez les chiffres manquants
en résolvant toutes les opérations.

7	+	1	-		+	2	=	6
-		+		+		-		-
4	+		-	7	+		=	4
+		-		-		+		+
	-	3	+		+	5	=	5
+		+		-		+		+
1	-		+	8	-		=	0
=		=		=		=		=
5	+	6	-	1	-	3	=	7

Boggle

Trouvez le maximum de mots
de 4 lettres et plus !

....

....

....

....

Activité défoulatoire

Réveillez l'artiste qui sommeille en vous en poursuivant cette œuvre !

Au lit les petits !

Toto demande à sa maman :
— Pourquoi papa il a presque plus de cheveux ?
— Parce qu'il réfléchit beaucoup.
— Ah... Et toi, pourquoi tu en as beaucoup ?

Une petite avant de s'endormir

Quel point commun y a-t-il entre un homme et un chat ?
Ils ont tous les deux peur de l'aspirateur !

Non mais je rêve !

Un DRH fait passer un entretien d'embauche.
— Nous cherchons quelqu'un de très responsable pour ce poste.
— Vous ne pouvez pas mieux tomber, dit le candidat. Dans tous mes anciens jobs, quand il y avait quelque chose qui n'allait pas, c'était moi le responsable !

Un dernier avant d'aller se coucher

Un type entre dans un café en marchant sur les mains.
— Mais qu'est-ce que vous faites ? lui demande le barman.
— Ben... J'ai promis à ma femme que je ne mettrai plus jamais les pieds dans un bistrot !

Non mais je rêve !

Une femme se rend chez un psychologue.
— Quel est votre problème ? lui demande le psy.
— Je ne vais pas bien, je déprime… Personne ne m'aime !
— Et qu'est-ce qui vous laisse penser cela ?
— Ça fait deux jours que je n'ai eu aucun like sur Facebook !

À méditer avant de s'endormir

Pourquoi est-il moins dangereux de changer son fusil d'épaule que de passer l'arme à gauche ?

Une petite avant de s'endormir

Pourquoi les hommes épousent-ils toujours des femmes qui pleurent sans raison et qui mettent deux heures pour se préparer ?
Parce qu'il n'en existe pas d'autres !

Histoire à dormir debout

Deux gendarmes en moto stationnent au bord d'une route. L'un d'eux se gratte la tête.
— Tu te grattes la tête sans retirer ton casque ! lui fait remarquer l'autre.
— Eh bien quoi ? Tu te grattes bien les couilles sans retirer ton caleçon !

Comptez les moutons pour vous endormir !

Nombre total de moutons : ....

Y a-t-il plus de moutons orientés vers la gauche ou bien vers la droite ?

Un dernier avant d'aller se coucher

Au comptoir d'un bar, un type demande à son voisin :
— Vous venez souvent boire ici ?
— Seulement à deux occasions : quand j'ai soif... et quand j'ai pas soif !

Sous la couette

Pourquoi les gens ne font-ils jamais l'amour dans leur jardin ?
Parce que si l'amour est aveugle, les voisins ne le sont pas...

Une petite avant de s'endormir

Quelle différence y a-t-il entre une échelle et un pistolet ?
L'échelle sert à monter et le pistolet à descendre.

Au lit les petits !

Toto revient de l'école et sa maman lui demande :
— As-tu bien expliqué à la maîtresse pourquoi tu as été absent pendant deux jours ?
— Oui.
— Tu lui as bien dit que nous sommes allés à Lyon aider ma sœur qui vient d'accoucher de jumelles ?
— J'ai dit qu'elle avait eu une fille.
— Tu pouvais dire que c'était des jumelles !
— Non, je garde l'autre pour la semaine prochaine !

Sudoku

Complétez la grille de manière à ce que chaque ligne, chaque colonne et chaque carré de 3 × 3 contienne une seule fois les chiffres de 1 à 9.

		1	5	7	9		8	6
2		7				4	9	1
			1	2	4		5	
7				4		5	1	8
		8		5				
	1	5		3		6	7	
	6		3	1	5		2	7
1		3	4		2		6	
5	9	2	8		7	1		

Kalkultou

Trouvez les chiffres manquants en résolvant toutes les opérations.

5	+	4	-		+	2	=	7
-		+		+		-		-
6	+		-	5	+		=	9
+		-		-		+		+
	-	4	+		+	3	=	5
+		+		-		+		+
3	-		+	4	-		=	2
=		=		=		=		=
4	+	5	-	1	-	3	=	5

Boggle

Trouvez le maximum de mots de 4 lettres et plus !

....

....

....

....

....

Coin nuit

Notez ici ce que vous ne souhaitez pas oublier et qui pourrait vous empêcher de dormir : ....

....

....

Chassez vos idées noires : ....

....

....

....

Non mais je rêve !

Une femme essaye un maillot de bain dans une boutique. Elle se tourne et se contorsionne devant la glace sans parvenir à se décider. La vendeuse intervient alors et lui dit :
— Ne réfléchissez pas trop, le prix aussi est ridicule !

Cervelle en sommeil

Un type aborde une blonde dans une boîte de nuit :
— Salut, tu es d'où, toi ?
— J'suis une fille ! J'suis pas doux, je suis douce !

Histoire à dormir debout

En survolant Metropolis, Superman aperçoit, grâce à sa supervision, Wonder Woman totalement nue, les jambes grandes écartées… Très excité, il plonge sur elle, lui fait l'amour à super vitesse et repart aussitôt. Wonder Woman demande alors :
— Que se passe-t-il ? Pourquoi t'arrêtes-tu ?
Et l'homme invisible qui est sur elle lui répond :
— Je sais pas… J'ai super mal au cul !

Une petite avant de s'endormir

Qu'est-ce qu'un bûcheron sans hache ?
Un bûceron…

Humour noir pour nuits blanches

Quel est le temps préféré des candidats au suicide ?
C'est lorsqu'il pleut des cordes !

À méditer avant de s'endormir

Que se passerait-il si on engageait deux détectives privés pour se filer l'un l'autre ?

Non mais je rêve !

Un type rentre dans un bar et s'installe au comptoir à côté d'un copain.
— Je te parie cinquante euros que tu ne devineras pas pourquoi je viens te voir !
— Si ! Tu es venu pour que je te prête de l'argent !
— Perdu ! Donne-moi cinquante euros !

Au lit les petits !

La maîtresse interroge sa classe :
— Qui peut me dire combien font 2 pommes plus 2 pommes ?
— Ça fait 4 pommes ! répond une élève.
— Très bien. Qui peut me dire combien font 1 lapin plus 1 lapin ?
Toto lève la main et répond :
— 9, maîtresse !
— Mais enfin, Toto ! Es-tu certain que cela fait 9 ?
— Oui. J'avais deux lapins à la maison et maintenant il y en a 9 !

Cervelle en sommeil

Une blonde fait les cent pas devant une école. Intriguée, la directrice l'interpelle :
— Veuillez m'excuser, madame, mais… vous attendez un enfant ?
— Non ! Pourquoi ? Je suis si grosse que ça ?

Histoire à dormir debout

Un journaliste interroge des passants dans la rue :
— Monsieur, est-ce que vous écoutez de la musique ?
— Oui, parfois…
— Et qu'est-ce qui vous plaît dans la musique ?
— Ben… ça fait voyager !
— Ah ! Expliquez-moi un peu.
— Eh bien… La musique, ça vous emmène ailleurs ! L'autre jour, par exemple, j'étais dans un bar. Ils ont passé du M. Pokora, alors… je suis allé dans un autre bar !

Un dernier avant d'aller se coucher

Un homme se rend chez son médecin et lui explique :
— Je ne peux plus boire de vin blanc, je fais une allergie !
— Ah bon ? Quand et comment se manifeste-t-elle ?
— Après la deuxième bouteille, je vomis.

Message codé

Selon le principe des lettres de l'alphabet décalées et le code « tu es alité »
(Tu es « A » lis « T »), déchiffrez cette phrase :

« Fbxnq otnm whkfbk wxuhnm jnx vhnkbk vhnvax. »

Kniixkm Utkgxl

Réponse : ....

....

Labyrinthe

Saurez-vous trouver le chemin du sommeil ?

6	5		4		9			3
3	4	7	2		6		8	
1		9	8					5
	9	5			3	1	6	4
4	1		6	8	5	3	9	7
	6	3		9	4	8		2
9	7							8
	3		9	4	8		7	6
2		6	5		1			

Sudoku

Complétez la grille de manière à ce que chaque ligne, chaque colonne et chaque carré de 3 × 3 contienne une seule fois les chiffres de 1 à 9.

Comptez les moutons pour vous endormir !

Nombre total de moutons : ....

Y a-t-il plus de moutons qui bêlent ou de moutons qui ne bêlent pas ?

Une mignonne pour faire de beaux rêves

Qu'est-ce qui fait toin-toin ?
Un tanard !

Au lit les petits !

La maîtresse fait réciter Toto.
— Conjugue-moi le verbe « chanter » au présent.
— Euh... Euh...
La maîtresse l'aide un peu :
— Quand tu chantes, tu dis...
— Ah oui ! Je chante.
— Bien. Et après ?
— Euh... Euh...
— Si c'est moi qui chante, tu dis quoi ?
— Ah oui ! Je chante... Tu chantes... Euh... Euh...
La maîtresse intervient encore pour l'aider :
— Ensuite, si c'est ta sœur qui chante, tu dis quoi ?
— Ah oui ! Je chante... Tu chantes... Et toi, ta gueule !

Une petite avant de s'endormir

Qu'est-ce qui peut grossir sans prendre de poids ?
Le trou.

À méditer avant de s'endormir

S'il y a autant de morts sur les routes, pourquoi ne peut-on pas rouler sur les trottoirs ?

Activité défoulatoire

Réveillez l'artiste qui sommeille en vous en poursuivant cette œuvre !

Coin nuit

Notez ici ce que vous ne souhaitez pas oublier et qui pourrait vous empêcher de dormir : ....

....

....

Vos bonnes résolutions pour les jours à venir : ....

....

....

....

Une mignonne pour faire de beaux rêves

Que fait un professeur de maths aux toilettes ?
Il fait π π.

Cervelle en sommeil

Comment une blonde fait-elle pour passer en italique le texte qu'elle a saisi sur son ordinateur ?
Elle penche l'écran…

Histoire à dormir debout

Un chasseur s'étonne du nombre de lapins que parviennent à capturer ses autres amis chasseurs. L'un d'eux lui explique sa technique :
— Pas besoin de fusil ! Tu te places devant le terrier d'un lapin et tu imites le cri de la carotte. Si c'est un petit terrier, tu fais le cri de la petite carotte. Si c'est un gros terrier, tu fais le cri de la grosse carotte. Le lapin sort et hop ! Tu le choppes avec les mains !
Le lendemain, on pouvait lire à la une du journal local :
« Drame : un chasseur écrasé par un train à la sortie d'un tunnel. »

Une petit avant de s'endormir

Comment appelle-t-on un poil qui sent mauvais ?
Un poil pue bien…

Une petite avant de s'endormir

Parmi plusieurs tablettes de chocolat, à quoi reconnaît-on le mâle ?
Aux noisettes !

Humour noir pour nuit blanches

Que sont les femmes des djihadistes ?
Ce sont des daeshperate housewives !

À méditer avant de s'endormir

Puisque qu'un train peut en cacher un autre et qu'un con peut aussi en cacher un autre, y a-t-il une chance pour qu'un con dans un train puisse disparaître totalement ?

Non mais je rêve !

C'est bientôt la fête des mères et une femme se demande ce qu'elle va bien pouvoir acheter à la sienne. Elle interroge son mari :
— Et si on lui achetait un appareil électrique ?
— Oui, si tu veux... fait le mari.
— Tu as une idée de ce que l'on pourrait prendre comme appareil électrique ?
— Et pourquoi pas une chaise ?

Une mignonne pour faire de beaux rêves

Quel est le comble pour un chauve ?
C'est de se faire coiffer au poteau.

Au lit les petits !

Toto se présente à la caisse d'un supermarché avec une boîte de lessive.
— Bonjour, Toto ! lui lance la caissière. C'est bien, c'est toi qui fais les courses, aujourd'hui ?
— Oui, j'ai besoin de lessive pour laver mon chien !
— Oh ! Tu as pris de la lessive pour le linge, je ne pense pas que cela soit bien pour les animaux !
— Je vais faire attention ! promet Toto. Je vais pas en mettre beaucoup !
Le lendemain, Toto revient au supermarché acheter des bonbons.
— Alors, comment va ton chien ? s'empresse de lui demander la caissière.
— Il est mort…
— Oh, mon Dieu ! Je t'avais bien dit que la lessive n'était pas faite pour les animaux !
— Je ne pense pas que ce soit la lessive… répond Toto.
— Mais alors, quoi ?
— Je pense que c'est le cycle de rinçage…

À méditer avant de s'endormir

Si quelqu'un me prend la tête, me la rendra-t-il un jour ?

Sudoku

Complétez la grille de manière à ce que chaque ligne, chaque colonne et chaque carré de 3 × 3 contienne une seule fois les chiffres de 1 à 9.

6							3	7
7		2	6	5		9	1	
3			9		1		8	2
	1	6	7	9	4			3
9	2	4		6		1	7	
	7	3	1		2	4		
	3		5	4	6			9
		7		3	9	8	6	1
2				1	7			

Kalkultou

Trouvez les chiffres manquants en résolvant toutes les opérations.

7	-		+	8	-	4	=	7
+		-		-		+		+
	-	3	+		-	4	=	8
-		+		+		-		-
4	-		+	5	+		=	3
-		-		+		-		-
	+	2	-		+	4	=	5
=		=		=		=		=
8	-	8	+	6	+	1	=	7

Labyrinthe

Saurez-vous trouver le chemin du sommeil ?

Cervelle en sommeil

Une blonde annonce :
— Docteur, je crois bien que je ne suis pas malade !
— Ça tombe bien, je ne suis pas docteur !

Une petite avant de s'endormir

Pourquoi les hommes n'ont-ils pas de règles ?
Cela n'est pas nécessaire puisqu'ils grognent déjà en permanence.

Histoire à dormir debout

Deux copines discutent :
— Hier, ma voisine est venue me demander si elle pouvait utiliser mon aspirateur.
— Et tu as accepté de le lui prêter ?
— Bien entendu ! Je lui ai dit qu'il n'y avait pas de problème tant qu'il ne sortait pas de mon appartement.

Non mais je rêve !

Un homme amène son chien chez le vétérinaire.
— Bonjour ! Pourquoi m'amenez-vous votre chien ? lui demande le vétérinaire.
— Il a mordu ma belle-mère !
— Ah... Et vous souhaitez que je le pique ?
— Non ! J'aimerais que vous lui aiguisiez les dents...

Humour noir pour nuits blanches

Lundi matin, au bureau, un type accueille un collègue :
— Salut ! Tu as passé un bon week-end ?
— Bof ! Je devais enterrer ma belle-mère et puis finalement non...
— Tu n'as pas pu te rendre à son enterrement ?
— Non, c'est elle qui n'a pas voulu que je l'enterre !

Au lit les petits !

Toto demande à son père :
— Un monsieur qui boit tout le temps de l'alcool, c'est un alcoolique ?
— Oui, c'est exact.
— Alors moi, je suis fantastique !
— Ah bon ? Pourquoi ?
— Je bois tout le temps du Fanta !

Cervelle en sommeil

Un policier téléphone à une société et ordonne à la standardiste blonde :
— Évacuez vite ! Une bombe va exploser dans 59 secondes !
— Oh mon Dieu ! s'écrie la blonde. Ne quittez pas, je vous reprends dans une minute.

Comptez les moutons pour vous endormir !

Nombre total de moutons : ....

Y a-t-il plus de moutons qui sautent vers la gauche ou bien vers la droite ?

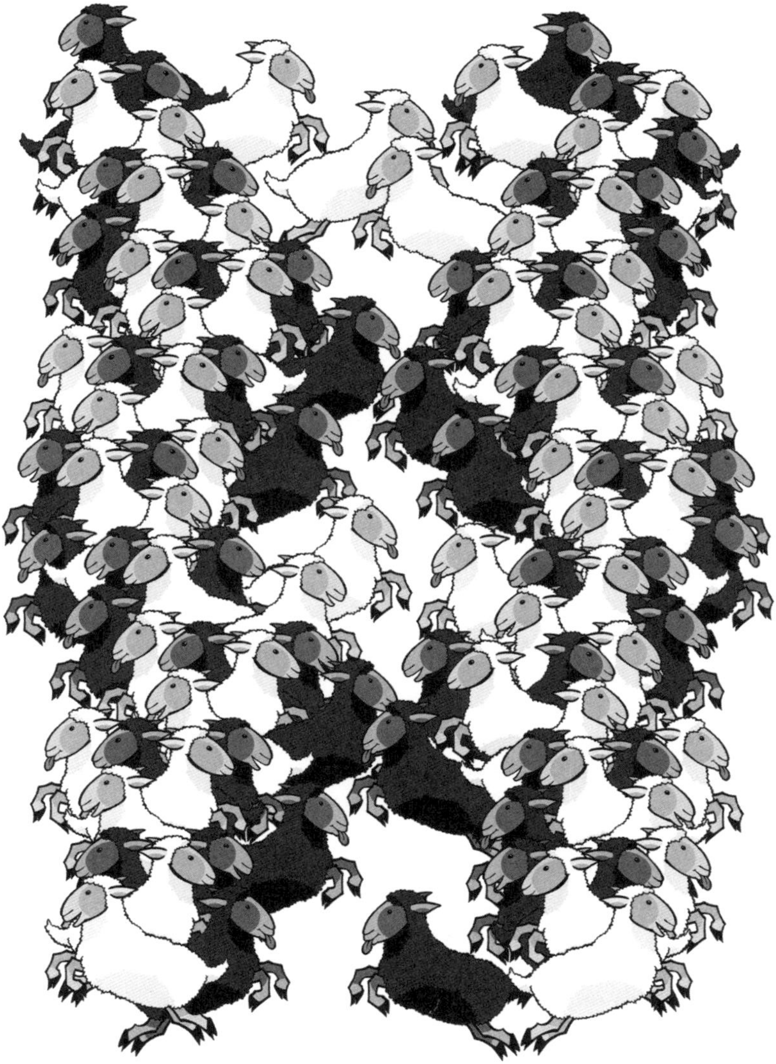

Au lit les petits !

Le jour de la rentrée des classes, Toto tente par tous les moyens de ne pas aller à l'école. Il se tord de douleur au sol.
— Qu'as-tu à te rouler ainsi au sol ? lui demande sa maman. Dépêche-toi, tu vas être en retard pour la rentrée !
— J'peux pas y aller ! répond Toto. J'ai trop mal au ventre. Je crois que j'ai une gastro-rentréite !

Histoire à dormir debout

Un homme à sa femme :
— Au fait ! L'autre jour, j'ai croisé ta copine dans la rue, mais elle ne m'a pas vu.
— Je sais, elle me l'a dit.

Un dernier avant d'aller se coucher

Au comptoir d'un bar, un alcoolique demande à un autre :
— Qu'est-ce tu as fait de plus surprenant dans ta vie, toi ?
— Moi ? Eh bien… Un jour, j'ai pris un verre d'eau !

Une petite avant de s'endormir

Quelle différence y a-t-il entre un œuf et une contrebasse ?
Si vous ne connaissez pas la différence, méfiez-vous, on pourrait vous vendre une contrebasse…

Mot caché

Retrouvez les mots de cette liste pour découvrir le mot caché !

annonce	grillon
besoin	jockey
bord	laquelle
chamelle	naturel
chevres	nomade
conseil	quarante
dessert	sauf
ferme	ville

n	o	l	l	i	r	g	a	n	l
o	i	b	a	t	r	n	a	a	i
m	f	o	j	q	n	v	v	t	e
a	e	r	s	o	u	e	i	u	s
d	r	d	n	e	c	e	l	r	n
e	m	c	r	s	b	k	l	e	o
d	e	s	s	e	r	t	e	l	c
q	u	a	r	a	n	t	e	y	e
i	u	e	l	l	e	m	a	h	c
f	n	c	h	e	v	r	e	s	s

Kalkultou

Trouvez les chiffres manquants en résolvant toutes les opérations.

5	+		-	3	-		=	1
+		-		-		+		-
	-	4	+		-	3	=	3
-		+		+		-		+
7	+		+	4	-		=	8
+		-		+		-		-
3	+	1	+		-	1	=	3
=		=		=		=		=
8	-	4	+	4	-	5	=	3

Coin nuit

Notez ici ce que vous ne souhaitez pas oublier et qui pourrait vous empêcher de dormir : ....

....

....

Quelles sont les personnes avec qui vous aimeriez partager votre lit ? ....

....

Vous avez trouvé du plaisir à lire des extraits du Code civil et du Code des assurances ? Le Code de l'urbanisme devrait parvenir à vous plonger dans un sommeil profond avec l'envie de ne jamais vous réveiller...

CODE DE L'URBANISME (Extrait)
[source Legifrance]

Chapitre II : Schémas de cohérence territoriale

Article L. 122-18

Les établissements publics de coopération intercommunale compétents en matière de schéma directeur sont compétents en matière de schéma de cohérence territoriale.

Les schémas directeurs approuvés avant l'entrée en vigueur de la loi n° 2000-1208 du 13 décembre 2000 relative à la solidarité et au renouvellement urbains sont soumis au régime juridique des schémas de cohérence territoriale tel qu'il est défini par le présent chapitre. Ils demeurent applicables jusqu'à leur prochaine révision et ont les mêmes effets que les schémas de cohérence territoriale. Le schéma devient caduc si cette révision n'est pas intervenue au plus tard dix ans après la publication de la loi n° 2000-1208 du 13 décembre 2000 précitée. Toutefois, si l'établissement public compétent a tenu le débat mentionné au premier alinéa de l'article L. 122-7 avant cette date, le schéma directeur devient caduc le 1er janvier 2013 si le schéma de cohérence territoriale n'a pas été approuvé.

Lorsqu'un schéma directeur est en cours d'élaboration ou de révision et que le projet de schéma est arrêté avant l'entrée en vigueur de la loi n° 2000-1208 du 13 décembre 2000 précitée, l'approbation dudit document reste soumise au régime antérieur à ladite loi à condition que son approbation intervienne dans un délai d'un an à compter de l'entrée en vigueur de la loi. Les dispositions de l'alinéa précédent leur sont applicables à compter de leur approbation.

Lorsqu'un schéma directeur en cours de révision n'a pas pu être arrêté avant la date d'entrée en vigueur de la loi n° 2000-1208 du 13 décembre 2000 précitée.

Lorsque l'établissement public qui a établi le schéma directeur a été dissous ou n'est plus compétent en matière de schéma directeur ou de schéma de cohérence territoriale, les communes et les établissements publics de coopération intercommunale compétents constituent un établissement public en application de l'article L. 122-4. À défaut de la constitution de cet établissement public au plus tard le 1er janvier 2002, le schéma directeur devient caduc.

Lorsqu'il est fait application de l'article L. 122-15 en l'absence d'établissement public compétent pour assurer le suivi du schéma directeur, l'examen conjoint prévu à l'article L. 122-16-1 des dispositions proposées par l'État pour assurer la mise en compatibilité d'un schéma directeur est effectué avec l'ensemble des communes concernées par le schéma.

Jusqu'à la constitution de l'établissement public, la modification du schéma directeur peut être décidée par arrêté motivé du préfet s'il constate, avant qu'un projet de plan local d'urbanisme ne soit arrêté, que ce plan, sans remettre en cause les intérêts de l'ensemble des communes concernées, contient des dispositions susceptibles d'être incompatibles avec le schéma. Les modifications proposées par l'État sont soumises par le préfet à enquête publique réalisée conformément au chapitre III du titre II du livre Ier du code de l'environnement après avoir fait l'objet d'un examen conjoint de l'État, de la région, du département et des organismes mentionnés à l'article L. 121-4 et avoir été soumises, pour avis, aux communes et groupements de communes compétents situés dans le périmètre du schéma directeur. En cas d'opposition d'un nombre de communes ou d'établissements publics de coopération intercommunale, ceux-ci comptant pour autant de communes qu'ils comprennent de communes membres, égal au moins au quart des communes du territoire concerné ou regroupant au moins un quart de la population totale de ce même territoire, les modifications ne peuvent être approuvées que par décret en Conseil d'État.

Les actes prescrivant l'élaboration, la modification ou la révision d'un schéma directeur en application des articles L. 122-1-1 à L. 122-5 dans leur rédaction antérieure à la loi no 2000-1208 du 13 décembre 2000 précitée valent prescription de l'élaboration ou de la révision du schéma de cohérence territoriale en application des articles L. 122-3 et L. 122-13 dans leur rédaction issue de cette loi. Lorsque le projet n'a pas été arrêté à la date d'entrée en vigueur de ladite loi, l'élaboration ou la révision est soumise au régime juridique défini par le présent chapitre. L'organe délibérant de l'établissement public de coopération intercommunale délibère, en application de l'article L. 300-2, sur les modalités de la concertation avec la population.

Les schémas directeurs approuvés avant l'entrée en vigueur de la loi no 2000-1208 du 13 décembre 2000 précitée et les schémas directeurs approuvés ou révisés dans les conditions définies par les troisième et quatrième alinéas peuvent faire l'objet d'une modification, sans être mis en forme de schéma de cohérence territoriale, dans les conditions définies par l'article L. 122-14-2, lorsque la modification ne porte pas atteinte à leur économie générale.

Les dispositions des schémas directeurs en cours de modification dont l'application anticipée a été décidée avant l'entrée en vigueur de la loi n° 2000-1208 du 13 décembre 2000 précitée demeurent applicables jusqu'à l'approbation de la révision du schéma de cohérence territoriale et, au plus tard, jusqu'à l'expiration du délai de trois ans mentionné au dernier alinéa de l'article L. 122-6 dans sa rédaction antérieure à cette loi.

Lorsqu'un schéma directeur approuvé avant l'entrée en vigueur de la loi n° 2000-1208 du 13 décembre 2000 précitée ou un schéma directeur approuvé dans le délai d'un an à compter de l'entrée en vigueur de ladite loi en application du troisième alinéa ou un schéma directeur révisé avant le 1er janvier 2003 en application du quatrième alinéa est annulé pour vice de forme ou de procédure, l'établissement public prévu à l'article L. 122-4 peut l'approuver à nouveau, après enquête publique réalisée conformément au chapitre III du titre II du livre Ier du code de l'environnement, dans le délai d'un an à compter de la décision juridictionnelle qui l'a annulé, sans mettre le schéma directeur en forme de schéma de cohérence territoriale.

Une petite avant de s'endormir

Quel point commun y a-t-il entre des hommes qui font une virée entre célibataires ?
Ils sont tous mariés !

Cervelle en sommeil

Une blonde s'adresse à des enfants :
— Celui qui devine combien j'ai de bonbons dans la main, je les lui donne tous les deux !

Non mais je rêve !

Une femme engueule son mari :
— Ça doit faire vingt fois que je te dis de bien fixer cette horloge au mur ! Aujourd'hui, elle est tombée et cinq minutes plus tôt, c'est maman qui la recevait sur la tête !
— Pfff ! Cette horloge a toujours eu du retard...

Histoire à dormir debout

Un homme rentre du travail et annonce à sa femme :
— Après ce que vient de me dire mon patron, il est hors de question que je retourne travailler !
— Ah bon ? Mais qu'est-ce qu'il t'a dit ?
— Il m'a dit « Vous êtes viré ! ».

Activité défoulatoire

Servez-vous des carreaux pour reproduire ce chat de manière inversée.

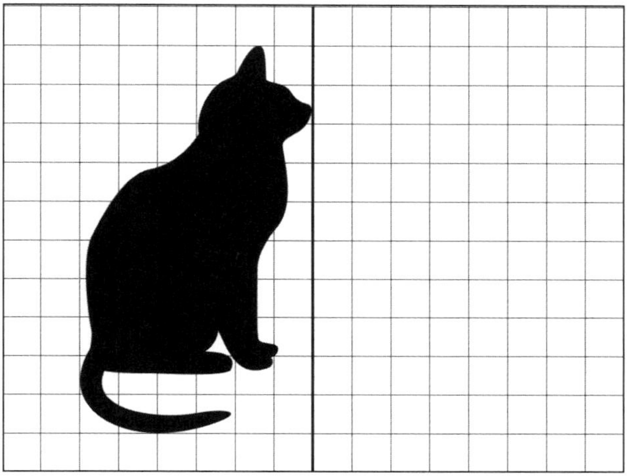

Message codé

Selon le principe des lettres de l'alphabet décalées et le code « tu es alité »
(Tu es « A » lis « T »), déchiffrez cette phrase :

« Ng uhg vhni wx vhnllbg ytbm ienl jnx ex fxwxvbg. »

Proverbe provençal

Réponse : ....

....

Coin nuit

Notez ici ce que vous ne souhaitez pas oublier et qui pourrait vous empêcher de dormir : ....

....

....

Vos bonnes résolutions pour les jours à venir : ....

....

....

....

Comptez les moutons pour vous endormir !

Nombre total de moutons : ....

Les deux yeux d'un mouton sont cachés...
De quel mouton s'agit-il ?

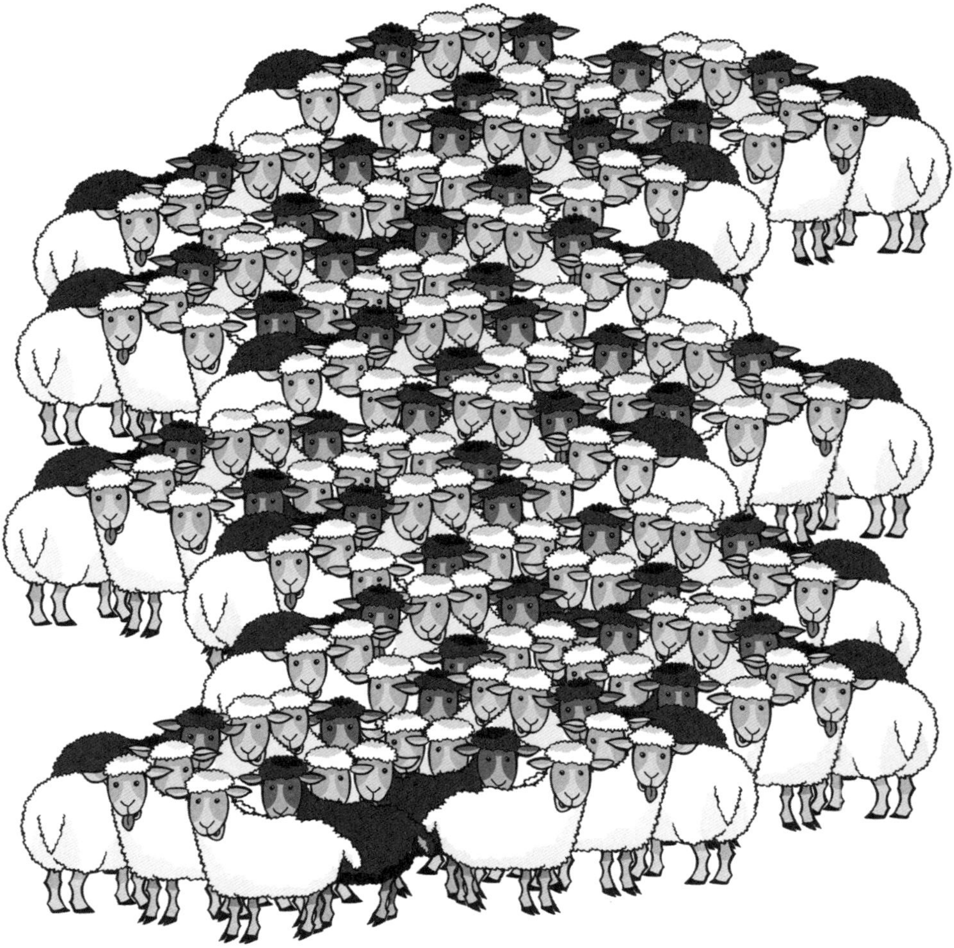

Au lit les petits !

Le papa de Toto essaye d'encourager son fils :
— Il faut travailler, Toto ! Tu sais, dans la vie, les efforts sont toujours payants.
— Déjà que je veux pas faire d'efforts, si en plus faut payer ! s'exclame Toto.

Une petite avant de s'endormir

Pourquoi les habitants de Monaco ne portent-ils pas de chapeaux ?
Parce qu'à Monaco, les chapeaux sont en principe ôtés.

Cervelle en sommeil

Une brune téléphone à sa copine blonde :
— Salut ! Pourquoi tu n'es pas venue à ma fête d'anniversaire, hier ? Tu n'as pas reçu mon carton d'invitation ?
— Si ! Mais je ne pouvais pas venir, c'était écrit de 15 à 19... Et je n'ai que 14 ans !

Chuuuuut !

Une femme dit à sa voisine :
— C'est incroyable ce que votre enfant ressemble à son père !
— Chuuuuut ! Moins fort. Mon mari pourrait vous entendre...

Labyrinthe

Saurez-vous trouver le chemin du sommeil ?

Kalkultou

Trouvez les chiffres manquants
en résolvant toutes les opérations.

9	-		+	6	-	4	=	8
+		-		-		+		+
	-	3	+		-	3	=	4
-		+		+		-		-
7	-		+	1	+		=	3
-		-		+		-		-
	+	5	-		+	4	=	7
=		=		=		=		=
3	-	3	+	2	+	0	=	2

Coin nuit

Notez ici ce qu
vous ne souhaitez pa
oublier et qui pourrait vou
empêcher de dormir :

Ce qui vous a énervé ces dernier
jours :

À méditer avant de s'endormir

Faut-il tuer les castors pour lutter contre la déforestation ?

Non mais je rêve !

Une femme fait de l'auto-stop. Un automobiliste s'arrête à son niveau, baisse la vitre côté passager et lui dit :
— Montez ! Vous avez de la chance de tomber sur moi, je ne suis pas de ceux qui ne s'arrêtent que pour les jolies filles !

Une petite avant de s'endormir

Quel est le dicton préféré des éjaculateurs précoces ?
Ce sont toujours les meilleurs qui partent les premiers.

Un couple de rêve

Un docteur ausculte un patient.
— Vous avez des bleus sur tout le corps. Vous pratiquez des sports extrêmes ?
— Non, mais de temps en temps, je contredis ma femme...

Une mignonne pour faire de beaux rêves

Qu'est-ce qu'un papillon philosophe ?
Celui qui ne butine que des pensées.

Qui dort dîne

Une brune conseille sa copine blonde :
— Pour mincir, tu devrais manger cinq fruits et légumes par jour.
— J'ai essayé ! Mais après le troisième chou-fleur, je cale !

Un couple de rêve

Un homme se rend dans un commissariat pour déclarer la disparition de sa belle-mère.
— Pouvez-vous nous la décrire ? demande l'inspecteur.
— Elle est petite, les cheveux blancs, un rouge à lèvres très voyant, assez moche et très méchante…
— Auriez-vous une photo ?
— Oui, bien sûr !
L'homme tend alors une photo à l'inspecteur.
— Mais… Vous devez vous tromper, vous m'avez donné la photo d'une jolie blonde !
— C'est-à-dire que… je ne tiens pas trop à ce que vous la retrouviez.

Un dernier avant d'aller se coucher

Au comptoir d'un bar, un gars dit à son copain :
— Tu savais que l'alcool était très calorique et qu'il réduisait l'élimination des graisses ?
— Non, je ne savais pas… Et merde, je vais devoir arrêter de manger !

Au lit les petits !

Un papa lit les appréciations des professeurs dans le carnet de notes de son fils. Il est mécontent.
— Je lis que tu travailles lentement, que tu cours lentement, que tu comprends lentement... Y a-t-il quelque chose que tu fais vite ?
— Oui, papa ! Je fatigue super vite !

Cervelle en sommeil

Un automobiliste s'arrête au niveau d'une blonde qui fait de l'autostop.
— Bonjour, vous allez où ? lui demande-t-il.
— Bah... Nulle part ! répond la blonde.
— Vous faisiez bien du stop, non ? Vous aviez le pouce levé !
— Non, je like toutes les voitures que j'aime !

Une petite avant de s'endormir

Pourquoi la calvitie n'est-elle pas une maladie grave ?
Parce qu'il n'y a jamais de rechute !

Une mignonne pour faire de beaux rêves

Que disent les marins lorsqu'ils sont fatigués ?
Je suis crevé... Ce soir, je me Cousteau !

Sudoku

Complétez la grille de manière à ce que chaque ligne, chaque colonne et chaque carré de 3 × 3 contienne une seule fois les chiffres de 1 à 9.

				3		2	5	
		7	4		8		3	
3	9	4	2		1			6
		2		8			6	
6		3	5	9	2		1	8
		8	1			9		3
2	6	1				3		
			9		3		8	1
		9		1	7	5		

Boggle

Trouvez le maximum de mots de 4 lettres et plus !

....

....

....

....

....

Message codé

Selon le principe des lettres de l'alphabet décalées et le code « tu es alité » (Tu es « A » lis « T »), déchiffrez cette phrase :

« Tn ebm wx uhggx axnkx, ahkl wn ebm wx uhggx axnkx, kxgw ubxg ihkmtgm xm kbvax xg tkzxgm. »

Proverbe allemand

Réponse : ....

....

Kalkultou

Trouvez les chiffres manquants en résolvant toutes les opérations.

9	+		-	4	-		=	7
+		-		-		+		-
	-	1	+		-	6	=	3
-		+		+		-		+
7	+		+	2	-		=	7
+		-		+		-		-
2	+	2	+		-	3	=	6
=		=		=		=		=
8	-	7	+	5	-	1	=	5

À méditer avant de s'endormir

Si l'on faisait les poissons d'avril au mois de décembre, ne pourrait-on pas ainsi attraper plus de gens ?

Non mais je rêve !

Au comptoir d'un bar, un type dit à un autre :
— Ça y est ! Je me suis enfin débarrassé de ma belle-mère. Je l'ai mise à la porte !
— Toutes les mêmes, ces belles-mères ! Faut toujours qu'elles s'incrustent !
— Oui ! Enfin… C'est nous qui habitions chez elle…

Cervelle en sommeil

Une blonde et une brune se disputent :
— Si tu étais dans ma tête en ce moment, tu comprendrais ! dit la blonde.
— Oh non ! Je ne veux surtout pas être dans ta tête !
— Et pourquoi ?
— Parce que j'ai trop peur du vide !

Une petite avant de s'endormir

Comment distinguer un sumotori d'une militante féministe ?
Le sumotori, c'est celui qui a les jambes épilées !

Histoire à dormir debout

Dans un restaurant, un client qui a son téléphone portable à la main demande au serveur :
— Je souhaite prendre une côte de bœuf accompagnée de pommes frites. Vous me conseillez quoi avec ?
— Comme vin rouge ?
— Non, comme filtre Instagram.

Qui dort dîne

Une femme annonce à sa meilleure amie :
— Je vais suivre un régime ! Salade verte, pâtes et riz en alternance.
— C'est ton docteur qui t'a conseillé ce régime ?
— Non, c'est mon banquier...

Non mais je rêve !

Un notaire dicte une lettre à sa secrétaire puis la relis.
— Je vois que vous avez commencé le courrier par « Cher ami », dit-il. Ce type est un voleur ! Changez l'entête, s'il vous plaît.
La secrétaire corrige le courrier et inscrit « Cher confrère ».

Chuuuuut !

Un manager fait écouter une chanteuse à un producteur.
— Alors, qu'en dites-vous ? Vous seriez prêt à la lancer ?
— Oui, par la fenêtre !

Comptez les moutons pour vous endormir !

Nombre total de moutons : ....

Où se trouvent les quatre moutons dont on ne voit pas la queue ?

Cervelle en sommeil

Une blonde arrive en retard au bureau.
Son patron la sermonne :
— Encore en retard ! Qu'allez-vous me servir comme excuse, cette-fois-ci ?
— C'est pas ma faute ! J'avais mis l'alarme sur mon smartphone pour me réveiller mais elle n'a pas sonné !
— Vous me prenez pour un idiot ? lui répond le patron.
— Mais pas du tout, regardez !
La blonde sort alors de sa poche le smartphone sur lequel l'application de la calculatrice est encore ouverte.
— Vous voyez ? J'avais mis 7,30 !

Humour noir pour nuits blanches

Un enfant est-il capable de faire 5 000 pompes en moins de 16 heures ?
Oui, dans une usine de chaussures, en Chine.

Une petite avant de s'endormir

Quelle différence y a-t-il entre un ramoneur et un pingouin ?
Le pingouin a le ventre blanc et la queue noire. Le ramoneur a le ventre noir et porte une échelle.

À méditer avant de s'endormir

Comment annoncer à son chien qu'il a été adopté ?

Labyrinthe

Saurez-vous trouver le chemin du sommeil ?

Boggle

Trouvez le maximum de mots de 4 lettres et plus !

....

....

....

....

....

Coin nuit

Notez ici ce que vous ne souhaitez pas oublier et qui pourrait vous empêcher de dormir : ....

....

....

Selon vous, quelle est la pire tenue de nuit ? ....

....

....

Histoire à dormir debout

Un gendarme fait signe à un camion transportant du bois de s'arrêter.
— Où allez-vous ? demande le gendarme au chauffeur.
— Je vais à la scierie...
— La Syrie ? Mains sur la tête ! Descendez !

Non mais je rêve !

Dans un gîte rural, un touriste demande au propriétaire :
— C'est à vous le troupeau de vaches, dans le pré ?
— Oui, répond le paysan.
— Vous avez combien de bêtes ?
— 301 têtes ! 300 vaches mais qu'un seul taureau...
— Vous devez être heureux avec un tel troupeau !
— Oui... concède le paysan. Mais pas autant que le taureau !

Une petite avant de s'endormir

Qu'y a-t-il de pire que d'entendre son docteur vous dire que vous avez une maladie vénérienne ?
C'est de se l'entendre dire par son dentiste...

À méditer avant de s'endormir

Un nain en a-t-il plus rapidement par-dessus de la tête ?

Labyrinthe

Saurez-vous trouver le chemin du sommeil ?

Message codé

Selon le principe des lettres de l'alphabet décalées et le code « tu es alité » (Tu es « A » lis « T »), déchiffrez cette phrase :

« Khgyexk, v'xlm whkfbk mhnm atnm. »

Cnexl Kxgtkw

Réponse : ....

....

....

Kalkultou

Trouvez les chiffres manquants en résolvant toutes les opérations.

0	-		+	4	-	2	=	0
+		-		-		+		+
	-	3	+		-	3	=	7
-		+		+		-		-
5	-		+	4	+		=	3
-		-		+		-		-
	+	0	-		+	3	=	4
=		=		=		=		=
0	-	7	+	7	+	0	=	0

Boggle

Trouvez le maximum de mots de 4 lettres et plus !

....

....

....

....

Comptez les moutons pour vous endormir !

Nombre total de moutons : ....

Y a-t-il plus de moutons blancs ou de moutons noirs ?

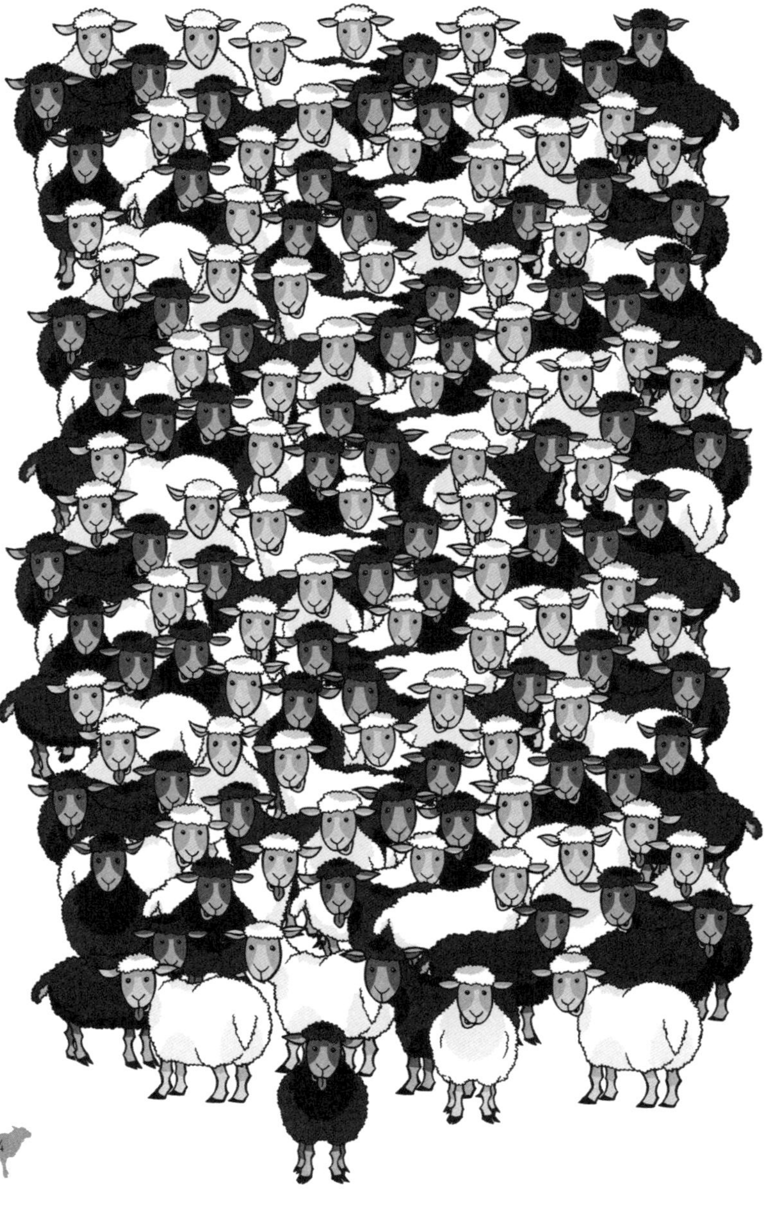

Un couple de rêve

Un couple se dispute :
— Pourquoi tu veux toujours avoir raison ? demande le mari à sa femme.
— Mais pas du tout ! lui répond-elle. C'est totalement faux ! D'ailleurs, il n'y a toujours que deux solutions : soit j'ai raison, soit tu as tort...

Cervelle en sommeil

Une brune demande à sa copine blonde ce qu'elle compte acheter à son mari pour la Saint-Valentin.
— Il faut que je trouve un bureau de tabac pour lui acheter une pipe !
— Il fume, ton mari ?
— Non, pas encore, mais depuis le temps qu'il m'en réclame une !

Une petite avant de s'endormir

Qu'est-ce qui pèse 2 kg le soir, 140 le matin et 143 le midi ?
C'est l'homme ! Le soir, sa femme lui dit « Tu viens mon lapin ? », le matin « Lève-toi, gros porc ! » et le midi « T'as bien mangé, mon cochon ? »

À méditer avant de s'endormir

Quelqu'un qui a deux mains gauches a-t-il le pouce de la main droite à la place du petit doigt ?

Message codé

Selon le principe des lettres de l'alphabet décalées et le code « tu es alité » (Tu es « A » lis « T »), déchiffrez cette phrase :

« Et fhkiabgx t xmx bgoxgmxx ihnk ixkfxmmkx tnq fxwxvbgl wx whkfbk mktgjnbeex. »

ltvat Znbmkr

Réponse : ....

....

....

Boggle

Trouvez le maximum de mots de 4 lettres et plus !

....

....

....

....

....

Sudoku

Complétez la grille de manière à ce que chaque ligne, chaque colonne et chaque carré de 3 × 3 contienne une seule fois les chiffres de 1 à 9.

	5	1					6	8
3				5	6	9	1	
2		6	9	8		3	5	
7			8	9			4	6
1	2	4		6	3	8	7	
		9	7	1			3	5
	6		1				8	3
4	9			7				1
		7	2	3	5			4

Coin nuit

Notez ici ce que vous ne souhaitez pas oublier et qui pourrait vous empêcher de dormir : ....

....

....

Chassez vos idées noires : ....

Qui dort dîne

Quel est le plus gros souci de parents cannibales ?
C'est de trouver une baby-sitter végétarienne !

Cervelle en sommeil

Une brune à une blonde :
— Où tu fais tes courses, toi ?
— Je vais toujours dans le supermarché qu'il y a en bas de chez moi, répond la blonde. J'y suis tellement connue que les portes s'ouvrent quand j'arrive !

Non mais je rêve !

Un homme achète deux bouteilles de parfum Chanel n° 5.
La vendeuse lui demande :
— C'est pour offrir ?
— Oui.
— Vous avez fait un très bon choix, votrea femme va adorer !
— Ce n'est pas pour ma femme, c'est pour ma belle-mère !
— Ah ?
— Oui, elle m'a dit qu'elle donnerait la moitié de sa vie pour une bouteille de Chanel n° 5. Alors, moi, je lui en offre deux...

Une petite avant de s'endormir

Pourquoi dit-on la « terre des hommes » ?
Parce qu'il est impossible de faire « taire des femmes ».

Solutions

Vous pouvez trouver les solutions des labyrinthes à la fin.

Page 9

96 moutons

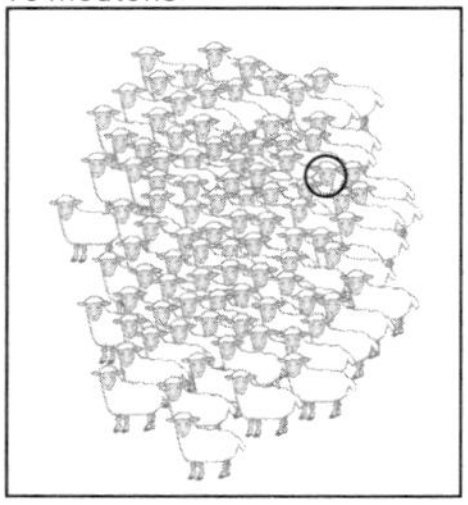

Page 11

Mot caché : endormir

s	e	n	d	e	m	m	e	f	o
n	o	h	c	o	c	x	u	e	y
o	s	v	e	r	t	i	c	a	l
l	e	r	e	i	v	a	l	c	r
a	u	e	t	c	n	d	d	o	b
t	g	l	e	o	u	e	r	u	l
m	a	l	r	u	a	m	a	l	o
i	l	i	r	r	g	a	g	e	n
r	b	f	e	s	e	i	o	u	d
p	a	p	i	e	r	n	n	r	e

Page 15

Kalkultou

1	+	5	-	3	+	3	=	6
-		+		+		-		-
4	+	6	-	7	+	5	=	8
+		-		-		+		+
2	-	4	+	4	+	3	=	5
+		-		+		-		-
4	-	2	+	2	-	1	=	3
=		=		=		=		=
3	+	9	-	4	-	2	=	6

Page 16

78 moutons

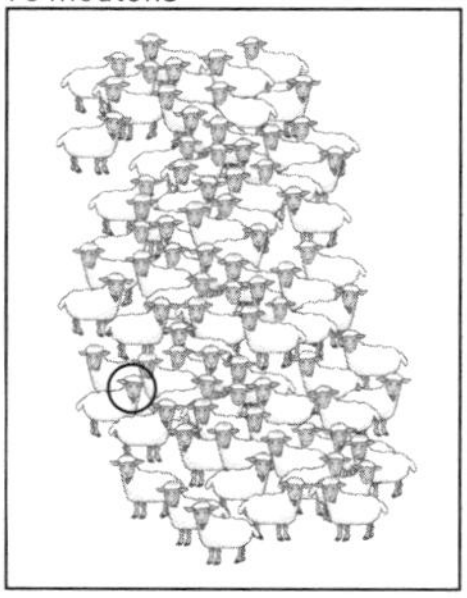

Page 18

Sudoku

5	6	4	1	3	8	7	2	9
3	2	1	9	4	7	5	8	6
8	7	9	2	5	6	3	1	4
6	8	2	5	1	4	9	7	3
7	4	5	8	9	3	2	6	1
1	9	3	6	7	2	8	4	5
4	3	6	7	8	5	1	9	2
9	5	7	4	2	1	6	3	8
2	1	8	3	6	9	4	5	7

Kalkultou

1	+	2	-	6	+	5	=	2
-		+		+		-		-
2	+	3	-	3	+	3	=	5
+		-		-		+		+
4	-	2	+	1	+	4	=	7
+		+		-		+		+
3	-	6	+	6	-	2	=	1
=		=		=		=		=
6	+	9	-	2	-	8	=	5

Message codé : Celui qui dort trop endort son esprit.

Page 25

93 moutons

Page 27

Mot caché : literie

b	o	u	c	h	e	r	l	i	b
t	o	b	e	u	q	a	p	t	i
e	e	i	e	h	c	r	a	m	s
u	u	c	u	a	e	s	i	o	e
q	q	h	e	m	r	a	h	c	r
n	a	e	i	r	e	s	i	r	f
a	l	e	b	r	i	q	u	e	e
b	r	a	r	t	i	f	i	c	e
r	i	r	e	u	q	a	r	b	e
e	c	i	r	f	i	t	n	e	d

Message codé : « Le sommeil est comme un second appartement que nous aurions et où, délaissant le nôtre, nous serions allés dormir. » Marcel Proust

Page 31

Message codé : Le paresseux a beaucoup dormi, et n'a rien vu dans ses songes.

Kalkultou

5	+	1	+	5	-	3	=	3
+		-		-		+		+
1	-	4	+	8	-	4	=	1
-		+		+		-		-
3	+	4	+	2	-	6	=	3
+		-		+		-		-
1	+	1	+	4	-	1	=	5
=		=		=		=		=
4	+	0	+	3	-	0	=	7

Page 32

168 moutons

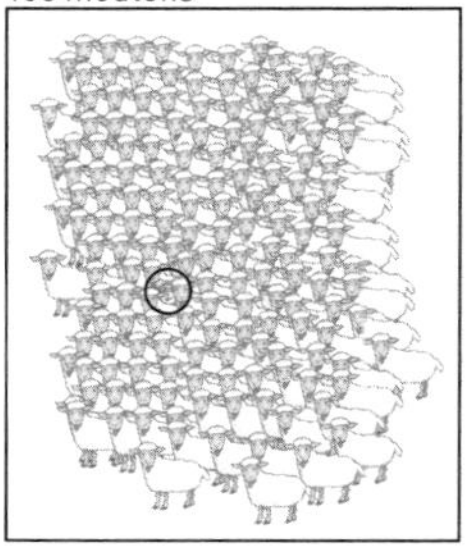

Page 34

Kalkultou

1	+	3	+	3	-	7	=	0
+		-		-		+		+
3	-	6	+	8	-	5	=	0
-		+		+		-		+
5	+	8	+	2	-	7	=	8
+		-		+		-		-
2	+	1	+	4	-	3	=	4
=		=		=		=		=
1	+	4	+	1	-	2	=	4

Page 41

144 moutons

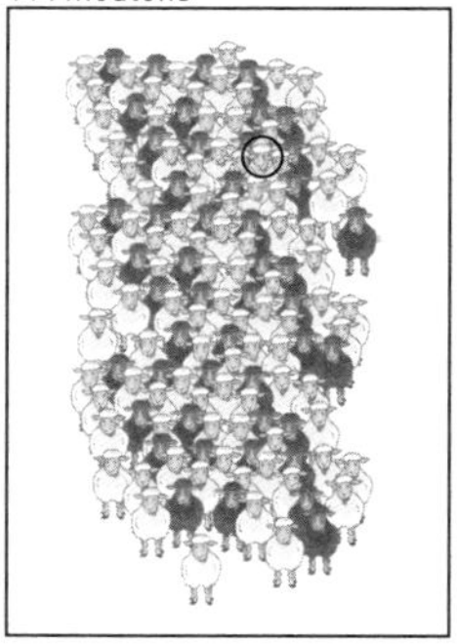

age 43

ot caché : réveil

h	e	u	q	s	i	r	r	e
i	h	a	u	t	a	i	n	t
s	m	o	u	t	a	r	d	e
t	e	b	f	c	e	v	e	l
o	c	l	o	r	u	r	r	u
i	n	a	r	i	q	e	u	o
r	o	n	c	s	i	s	o	b
e	r	c	e	e	g	u	m	l
d	a	r	a	p	a	b	a	e
i	b	a	h	i	m	a	l	o

alkultou

7	+	1	-	4	+	2	=	6
		+		+		-		-
3	+	1	-	8	+	7	=	3
		-		-		+		+
1	-	4	+	2	+	5	=	4
		+		-		+		+
2	-	7	+	7	-	2	=	0
		=		=		=		=
7	+	5	-	3	-	2	=	7

age 47

essage codé : « Le vrai paresseux
erait peut-être celui qui aurait besoin
un autre pour dormir à sa place. »
acques Sternberg

udoku

	7	3	1	4	5	2	6	8
	5	6	2	3	8	7	9	4
	2	8	7	9	6	3	5	1
	9	3	5	2	1	8	4	6
	8	5	6	7	4	9	1	3
	4	1	9	8	3	5	2	7
	1	2	3	6	9	4	7	5
	7	4	8	1	2	6	3	9
	6	9	4	5	7	1	8	2

age 48

moutons

age 50

doku

	1	9	7	2	8	5	3	6
	8	2	1	6	3	4	7	9
	3	7	9	4	5	8	2	1
	2	4	5	3	6	1	9	7
	7	1	8	9	4	6	5	2
	5	6	2	1	7	3	4	8
	6	5	3	8	9	2	1	4
	9	8	4	5	2	7	6	3
	4	3	6	7	1	9	8	5

Kalkutou

0	-	2	+	6	-	4	=	0
+		-		-		+		+
8	-	7	+	8	-	1	=	8
-		+		+		-		-
5	-	8	+	4	+	0	=	1
-		-		+		-		-
2	+	0	-	4	+	5	=	3
=		=		=		=		=
1	-	3	+	6	+	0	=	4

Page 54

Message codé : Fermer les yeux n'est pas toujours dormir.

Page 57

109 moutons

Page 59

Mot caché : couverture

a	c	o	u	e	u	g	n	a	l
d	t	s	t	u	p	i	d	e	v
e	r	h	b	o	u	l	o	t	r
r	u	a	l	e	r	u	e	h	e
u	e	e	g	e	c	r	d	e	d
e	p	t	u	e	t	n	r	a	n
l	q	u	a	t	r	e	a	t	a
p	g	o	u	l	o	t	g	r	l
s	e	c	n	a	c	a	v	e	g
r	t	o	l	g	n	a	s	e	r

Kalkultou

2	+	5	-	2	-	5	=	0
+		-		-		+		+
3	-	5	+	6	-	1	=	3
-		+		+		-		+
6	+	4	+	1	-	2	=	9
+		-		+		-		-
1	+	3	+	8	-	3	=	9
=		=		=		=		=
0	-	1	+	5	-	1	=	3

Page 63

Message codé : Qui veille de nuit dort le jour.

Kalkultou

8	+	2	-	5	+	1	=	6
-		+		+		-		-
6	+	4	-	9	+	2	=	3
+		-		-		+		+
2	-	7	+	4	+	3	=	2
+		+		-		+		+
1	-	7	+	9	-	3	=	0
=		=		=		=		=
5	+	6	-	1	-	5	=	5

Page 64

182 moutons

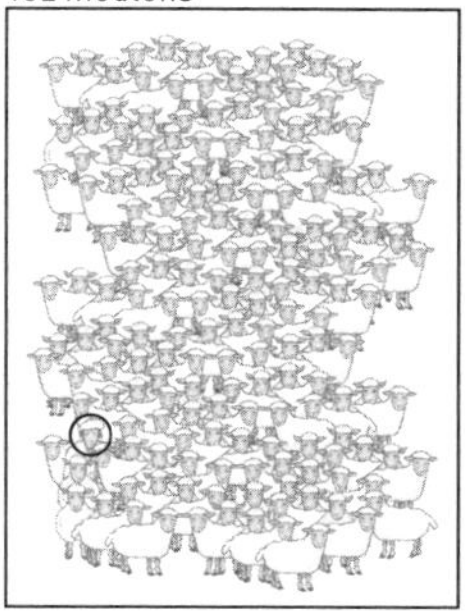

Page 70

Mot caché : oreiller

r	e	i	n	s	e	l	l	o	c
m	o	r	i	o	t	p	m	o	c
a	n	i	r	a	m	x	r	r	a
r	s	a	u	v	e	u	r	u	r
t	e	n	o	b	m	a	j	e	t
e	r	e	l	a	c	e	r	v	e
a	s	e	t	r	a	t	e	r	s
d	r	u	e	c	r	a	f	e	i
s	e	l	o	c	e	b	l	s	l
e	r	f	a	r	d	e	a	u	x

3	5	2	8	1	9	4	6	7
4	6	1	7	5	3	9	8	2
8	7	9	4	2	6	1	3	5
1	8	7	9	3	5	6	2	4
6	9	5	2	4	8	3	7	1
2	3	4	1	6	7	5	9	8
7	1	8	6	9	4	2	5	3
5	4	6	3	8	2	7	1	9
9	2	3	5	7	1	8	4	6

Page 73

139 moutons
Il y a plus de moutons noirs.

Page 75

Kalkultou

8	-	2	+	2	-	1	=	7
+		-		-		+		+
4	-	2	+	7	-	4	=	5
-		+		+		-		-
2	-	6	+	4	+	3	=	3
-		-		+		-		-
5	+	2	-	2	+	1	=	6
=		=		=		=		=
5	-	4	+	1	+	1	=	3

Page 79

Kalkultou

1	+	4	-	5	+	3	=	3
-		+		+		-		-
5	+	4	-	4	+	0	=	5
+		-		-		+		+
2	-	5	+	4	+	3	=	4
+		+		-		+		+
8	-	6	+	3	-	3	=	2
=		=		=		=		=
6	+	9	-	2	-	9	=	4

Page 80

96 moutons

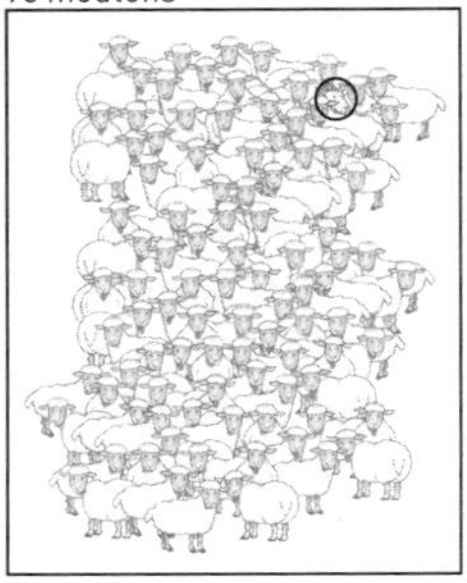

Page 82

Kalkultou

5	+	3	-	4	+	2	=	6
-		+		+		-		-
6	+	2	-	5	+	6	=	9
+		-		-		+		+
1	-	4	+	4	+	2	=	3
+		+		-		+		+
4	-	1	+	4	-	2	=	5
=		=		=		=		=
4	+	2	-	1	-	0	=	5

Page 86

Kalkultou

6	-	3	+	8	-	2	=	9
+		-		-		+		+
3	-	2	+	7	-	4	=	4
-		+		+		-		-
4	-	8	+	7	+	2	=	5
-		-		+		-		-
1	+	0	-	0	+	2	=	3
=		=		=		=		=
4	-	9	+	8	+	2	=	5

Message codé : Qui dort la grasse matinée trottera toute la journée.

Sudoku

3	1	4	8	9	5	6	7	2
5	8	9	2	7	6	1	3	4
6	2	7	4	3	1	9	8	5
1	9	2	5	6	7	8	4	3
7	3	4	9	1	8	5	2	6
8	5	6	3	4	2	7	9	1
9	1	5	7	2	3	4	6	8
2	7	8	6	5	4	3	1	9
4	6	3	1	8	9	2	5	7

Page 89

77 moutons
Il y a 8 chiens de berger.

Page 91

Mot caché : draps

d	r	b	i	s	q	u	e	s	a
e	u	q	y	t	p	i	r	t	e
r	e	e	u	q	i	p	e	i	u
e	t	y	p	i	q	u	e	g	q
u	h	p	y	t	h	o	n	e	i
q	n	f	t	i	q	u	e	s	p
i	i	i	e	u	q	i	n	a	p
l	q	g	t	a	q	u	i	n	l
f	u	u	r	y	t	h	m	e	h
p	e	e	r	i	s	q	u	e	s

Page 95

Sudoku

3	5	4	1	6	8	2	7	9
7	9	6	2	3	4	1	5	8
2	1	8	7	5	9	6	3	4
8	3	9	4	2	1	5	6	7
5	6	1	3	8	7	4	9	2
4	2	7	5	9	6	8	1	3
1	7	3	8	4	5	9	2	6
6	4	2	9	1	3	7	8	5
9	8	5	6	7	2	3	4	1

Page 96

50 moutons

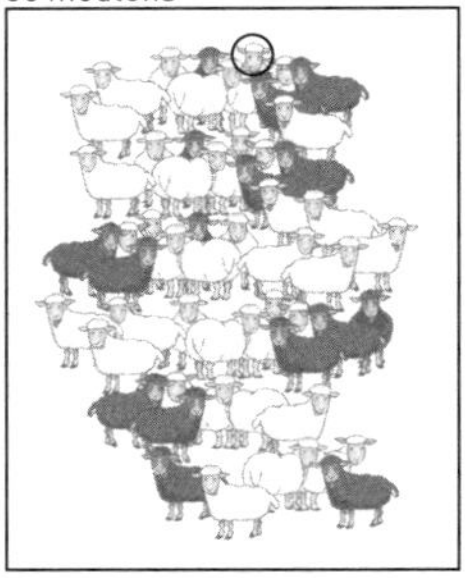

Page 98

Message codé : Qui dort beaucoup apprendra peu.

Sudoku

2	5	6	3	4	1	9	8	7
9	7	3	8	6	5	2	1	4
8	4	1	2	9	7	5	6	3
3	6	7	1	2	8	4	9	5
4	8	2	9	5	6	7	3	1
5	1	9	7	3	4	6	2	8
6	3	8	5	7	2	1	4	9
1	2	5	4	8	9	3	7	6
7	9	4	6	1	3	8	5	2

Page 102

Kalkultou

6	+	4	-	3	-	7	=	0
+		-		-		+		-
5	-	4	+	2	-	3	=	0
-		+		+		-		+
7	+	2	+	5	-	5	=	9
+		-		+		-		-
2	+	1	+	0	-	1	=	2
=		=		=		=		=
6	-	1	+	6	-	4	=	7

Message codé : « Boire du café empêche de dormir. Par contre, dormir empêche de boire du café. »
Philippe Geluck

Page 105

116 moutons

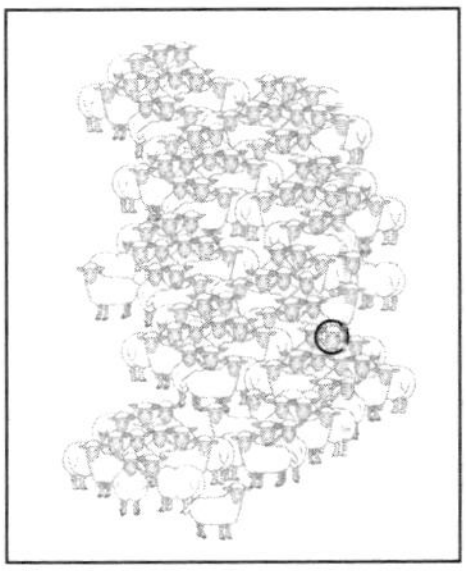

Page 107

Kalkultou

2	+	3	-	5	+	4	=	[illegible]
-		+		+		-		-
5	+	2	-	0	+	2	=	[illegible]
+		-		-		+		+
2	-	3	+	2	+	2	=	3
+		+		-		+		+
5	-	2	+	3	-	2	=	4
=		=		=		=		=
4	+	4	-	0	-	6	=	2

Page 111

Mot caché : dodos

e	r	d	n	e	c	s	e	d	s
r	e	t	n	o	m	e	r	r	t
r	t	d	u	g	o	a	e	e	o
e	n	d	e	a	b	r	g	u	h
v	e	s	r	r	o	g	a	g	c
s	i	t	d	d	u	e	g	a	n
d	l	g	n	e	l	n	n	r	a
i	c	i	e	r	o	t	e	d	m
o	d	o	f	i	t	n	e	g	a
p	o	d	s	e	d	n	a	r	g

Message codé : Qui dort en août dort à son coût.

Sudoku

6	3	7	2	8	1	9	4	5
1	9	8	7	5	4	2	3	6
4	2	5	6	3	9	7	1	8
5	4	3	8	9	7	1	6	2
2	8	6	1	4	5	3	7	9
9	7	1	3	2	6	5	8	4
7	1	4	9	6	2	8	5	3
3	5	9	4	7	8	6	2	1
8	6	2	5	1	3	4	9	7

Page 112

100 moutons

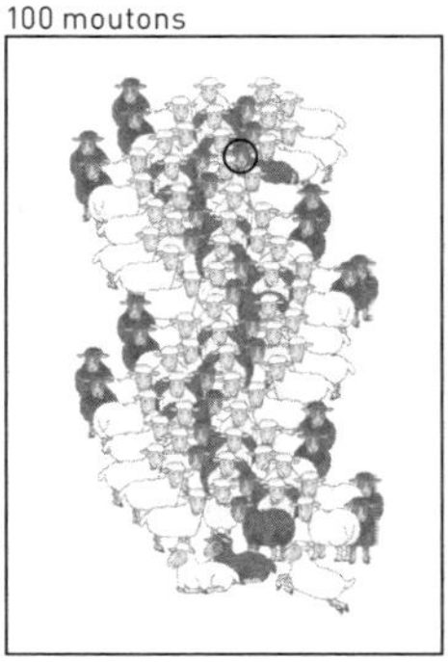

Page 114

udoku

8	7	1	6	5	3	9	4	2
5	4	2	7	8	9	6	3	1
6	3	9	1	4	2	7	5	8
1	2	3	4	6	5	8	7	9
4	5	7	9	1	8	2	6	3
9	6	8	3	2	7	5	1	4
2	8	6	5	3	1	4	9	7
7	1	5	2	9	4	3	8	6
3	9	4	8	7	6	1	2	5

Page 118

alkultou

9	-	3	+	6	-	4	=	8
+		-		-		+		+
2	-	2	+	5	-	2	=	3
-		+		+		-		-
7	-	8	+	1	+	3	=	3
-		-		+		-		-
1	+	4	-	3	+	3	=	5
=		=		=		=		=
3	-	5	+	5	+	0	=	3

essage codé : Si tu ne peux dormir,
e te force pas à vouloir le faire.

age 121

moutons

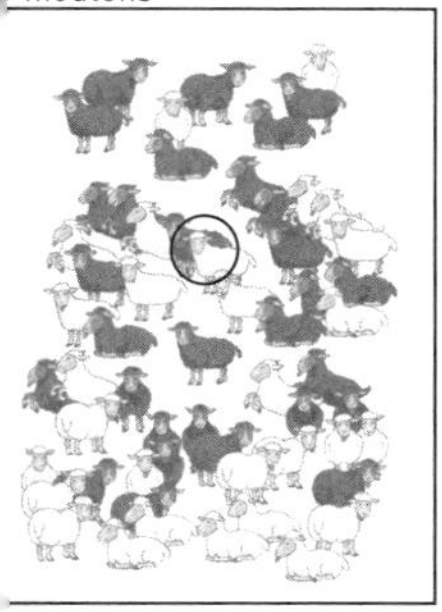

age 123

udoku

	1	4	9	8	7	3	5	2
	8	7	4	2	5	1	6	9
	5	2	1	3	6	4	8	7
	4	9	3	5	8	7	1	6
	3	8	6	1	9	2	4	5
	6	1	2	7	4	9	3	8
	2	5	7	6	1	8	9	3
	7	6	8	9	3	5	2	4
	9	3	5	4	2	6	7	1

alkultou

	+	6	-	4	-	4	=	5
		-		-		+		-
	-	1	+	7	-	6	=	4
		+		+		-		+
	+	5	+	5	-	7	=	8
		-		+		-		-
	+	2	+	3	-	3	=	4
		=		=		=		=
	-	8	+	5	-	0	=	5

ge 127

essage codé : « L'amour
t une histoire à dormir couché. »
ul Morand

Sudoku

8	4	6	3	7	9	1	2	5
9	2	5	6	1	8	4	3	7
3	1	7	2	4	5	6	9	8
2	8	9	5	6	7	3	1	4
4	5	1	8	2	3	7	6	9
7	6	3	4	9	1	8	5	2
6	7	2	1	5	4	9	8	3
1	9	8	7	3	2	5	4	6
5	3	4	9	8	6	2	7	1

Page 128

76 moutons

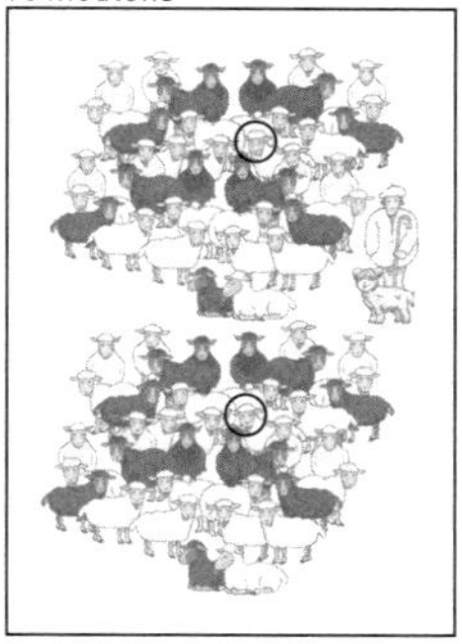

Page 130

Mot caché : cauchemar

e	a	l	a	n	g	a	g	e	t
h	b	o	i	r	e	c	r	r	b
c	s	a	n	u	c	u	a	r	v
o	e	e	s	h	h	p	o	i	f
c	n	t	c	c	p	c	s	e	r
a	c	i	r	e	h	i	i	v	a
s	e	e	i	u	b	e	e	a	p
m	c	b	r	l	r	o	i	s	p
e	a	e	e	h	c	o	c	n	e
e	s	i	r	p	r	u	s	r	s

Page 137

111 moutons

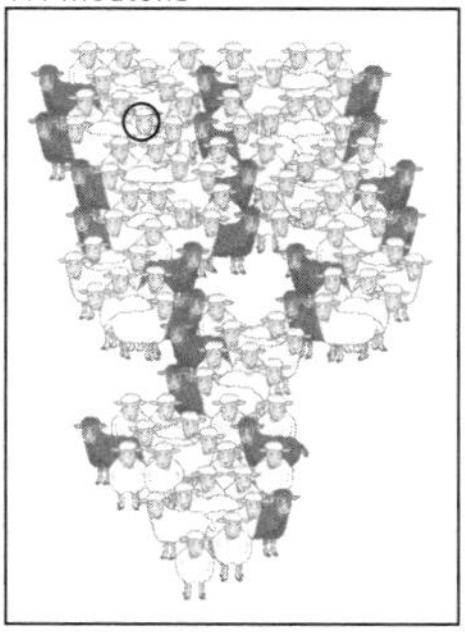

Page 139

Sudoku

9	7	8	3	6	4	8	1	2
1	2	3	8	9	7	4	6	5
6	4	8	2	1	5	3	7	9
5	3	6	7	4	9	2	8	1
7	9	4	1	8	2	6	5	3
8	1	2	6	5	3	7	9	4
4	8	1	5	3	6	9	2	7
2	5	9	4	7	8	1	3	6
3	6	7	9	2	1	5	4	8

Page 143

Message codé : Qui dort et toujours
se repose, n'est pas bon à grand-chose.

Mot caché : paupière

e	h	c	u	o	b	b	o	x	e
t	e	r	i	n	e	v	r	a	p
r	n	m	n	n	p	a	c	s	u
a	i	a	o	o	e	a	c	e	g
c	p	i	r	r	r	s	o	r	o
n	o	n	t	t	r	e	s	r	u
a	c	s	a	i	e	n	t	e	t
p	p	b	p	c	u	i	a	r	t
i	l	a	x	e	r	f	u	e	e
e	e	t	i	t	e	p	d	r	e

Page 144

65 moutons
Il y a plus de moutons
qui sautent vers la droite.

Page 146

8	9	7	4	2	6	5	3	1
2	1	4	3	7	5	8	9	6
6	3	5	1	8	9	4	7	2
5	4	3	9	6	2	7	1	8
1	7	2	8	5	4	3	6	9
9	6	8	7	1	3	2	5	4
3	8	9	6	4	7	1	2	5
7	2	1	5	9	8	6	4	3
4	5	6	2	3	1	9	8	7

Page 150

Message codé : Le corps gagne à dormir
et l'esprit à veiller.

Sudoku

7	5	2	4	3	1	8	6	9
6	9	8	2	5	7	3	4	1
3	1	4	6	8	9	7	5	2
4	6	7	8	9	2	5	1	3
2	8	1	5	6	3	9	7	4
9	3	5	1	7	4	6	2	8
8	4	3	7	2	6	1	9	5
1	7	9	3	4	5	2	8	6
5	2	6	9	1	8	4	3	7

Page 153

127 moutons
Il y a plus de moutons qui ne bêlent pas.

Page 155

Message codé : Qui a la réputation de se
lever tôt peut dormir jusqu'à dîner.

Page 159

Sudoku

1	6	5	3	7	2	9	4	8
9	2	4	5	1	8	6	3	7
7	3	8	4	6	9	5	1	2
4	7	9	1	2	6	8	5	3
6	5	1	7	8	3	2	9	4
3	8	2	9	4	5	7	6	1
2	4	7	6	9	1	3	8	5
5	1	6	8	3	7	4	2	9
8	9	3	2	5	4	1	7	6

Kalkultou

4	+	4	-	3	-	3	=	2
+		-		-		+		-
4	-	2	+	2	-	3	=	1
-		+		+		-		+
3	+	5	+	3	-	4	=	7
+		-		+		-		-
2	+	2	+	0	-	2	=	2
=		=		=		=		=
7	-	5	+	4	-	0	=	6

Message codé : Tel est assis qui ne repose pas, tel est au lit qui ne dort pas.

Page 160

137 moutons

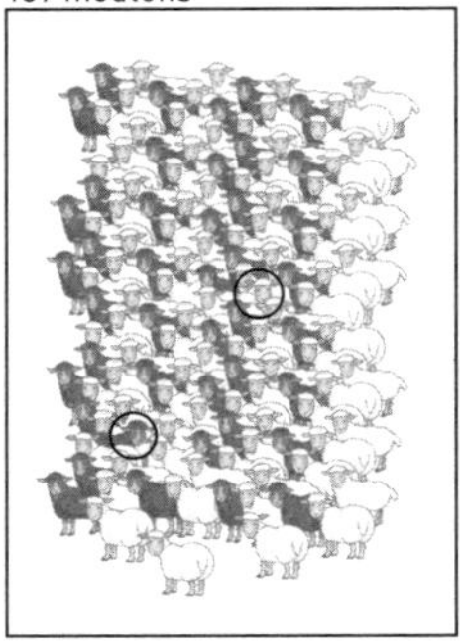

Page 162

Message codé : Qui ne peut pas dormir trouve son lit mal fait.

Page 166

Kalkultou

0	+	6	-	2	-	3	=	1
+		-		-		+		-
7	-	4	+	7	-	9	=	1
-		+		+		-		+
4	+	5	+	4	-	6	=	7
+		-		+		-		-
5	+	2	+	2	-	5	=	4
=		=		=		=		=
8	-	5	+	1	-	1	=	3

Message codé : « Nous devons dormir pour donner assez de place au rêve. »
Erik Orsenna

Page 169

159 moutons

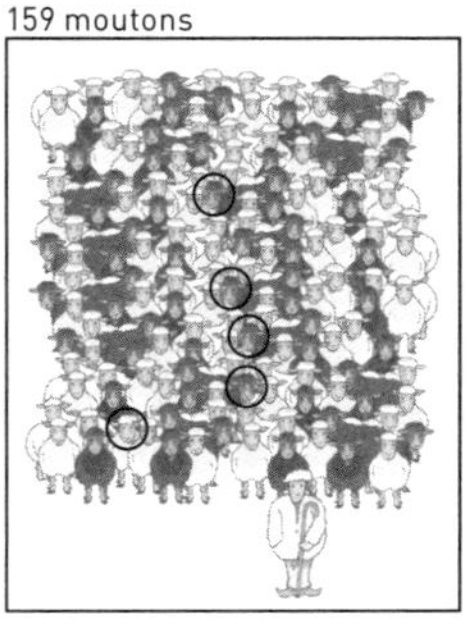

Page 171

Sudoku

9	**4**	**8**	3	5	**1**	**6**	**2**	7
1	5	**7**	6	2	**4**	**8**	9	3
3	**2**	**6**	8	**9**	7	**5**	1	4
8	3	**4**	**9**	**7**	5	**2**	**6**	1
7	**6**	2	**1**	**3**	**8**	**9**	4	5
5	9	**1**	4	6	2	**7**	3	8
4	**7**	**9**	2	8	**3**	1	5	6
6	8	3	5	**1**	9	4	**7**	**2**
2	1	5	**7**	4	**6**	**3**	**8**	**9**

Kalkultou

3	+	2	-	7	+	6	=	4
-		+		+		-		-
4	+	3	-	3	+	2	=	8
+		-		-		+		+
2	-	4	+	1	+	4	=	3
+		+		-		+		+
1	-	6	+	7	-	1	=	2
=		=		=		=		=
2	+	7	-	0	-	9	=	0

Page 175

Message codé : « Est-ce que les histoires que vous racontez ne vous empêchent pas de dormir ?
– Si, mais comme ce sont des histoires à dormir debout, je récupère ! »
Raymond Devos

Page 176

207 moutons

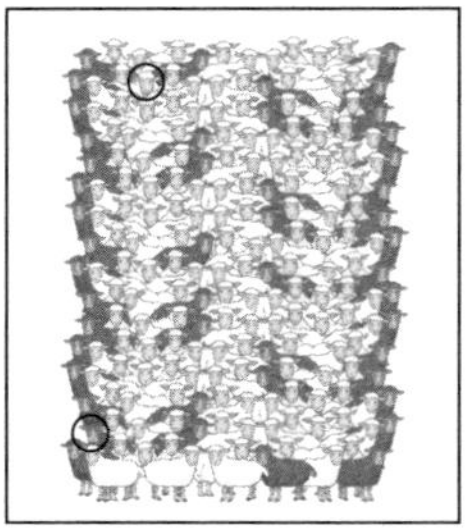

Page 178

Mot caché : chambres

d	r	a	n	a	c	m	j	j	c
s	e	r	b	r	a	a	a	r	f
a	r	h	a	m	r	u	s	u	o
l	e	m	a	d	n	e	i	e	r
g	v	n	i	e	v	r	b	d	t
r	a	n	x	u	a	e	p	o	e
e	r	g	a	n	a	c	h	e	s
v	g	h	a	s	i	r	u	o	s
r	c	c	v	o	i	s	i	n	s
s	e	l	l	i	u	e	f	e	s

Sudoku

7	5	**2**	**8**	3	**9**	6	4	**1**
9	**1**	8	2	6	**4**	**7**	3	5
4	3	6	**5**	**1**	7	9	2	8
2	6	**5**	**4**	8	3	1	9	7
1	**7**	9	**6**	**2**	**5**	**4**	8	3
3	**8**	4	**7**	9	**1**	2	**5**	**6**
5	**4**	3	9	7	6	8	**1**	2
8	**9**	**7**	1	5	**2**	3	**6**	4
6	**2**	**1**	3	4	**8**	**5**	7	**9**

Page 182

Sudoku

2	**9**	7	8	1	**3**	5	**6**	4
4	**1**	6	5	**7**	9	2	3	8
3	**8**	**5**	**2**	6	4	**1**	**9**	**7**
5	**3**	**4**	1	9	**2**	7	8	6
1	2	**8**	7	**3**	6	**4**	5	**9**
7	6	9	4	**8**	**5**	**3**	**2**	**1**
8	4	3	**6**	**2**	7	9	1	**5**
6	**5**	2	**9**	**4**	**1**	8	**7**	3
9	7	**1**	3	**5**	**8**	6	**4**	**2**

Kalkultou

9	-	2	+	3	-	2	=	8
+		-		-		+		+
5	-	5	+	8	-	3	=	5
-		+		+		-		-
4	-	4	+	2	+	3	=	5
-		-		+		-		-
5	+	0	-	5	+	2	=	2
=		=		=		=		=
5	-	1	+	2	+	0	=	6

Message codé : L'imbécile dort toute sa vie, il ne se réveille que le jour de sa mort.

Page 185

122 moutons

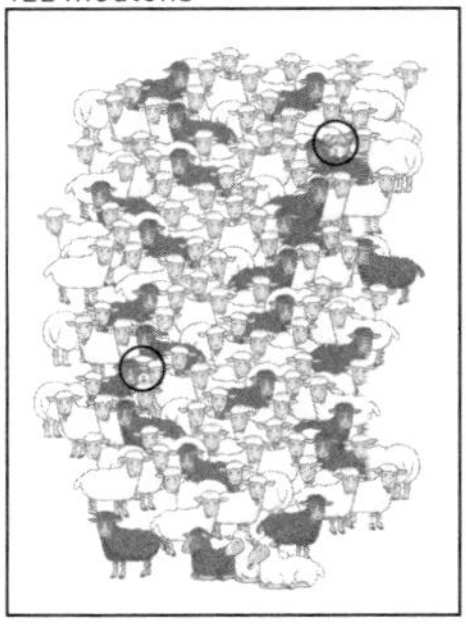

Page 187

Sudoku

1	4	5	6	**2**	7	8	9	**3**
8	3	**7**	5	**4**	**9**	1	**6**	**2**
2	**6**	9	1	**8**	3	4	**7**	5
5	9	4	**8**	**3**	**6**	7	**2**	1
7	**1**	**8**	**9**	**5**	2	**3**	**4**	**6**
6	**2**	**3**	**7**	1	4	**5**	8	**9**
4	5	**6**	2	**7**	1	**9**	3	**8**
3	**8**	2	4	9	5	**6**	1	7
9	**7**	1	**3**	**6**	**8**	2	**5**	4

Page 191

Message codé : Quand le patron dort, les valets rêvent.

Page 192

120 moutons

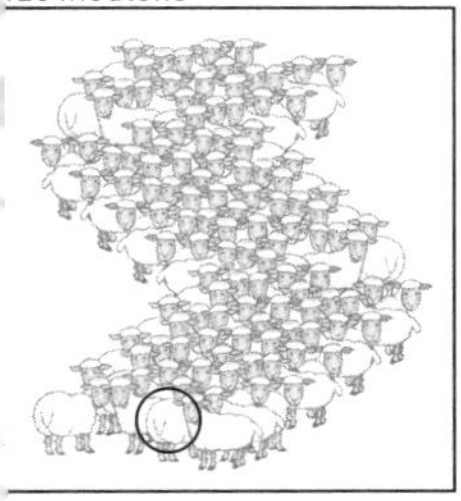

Page 194

Kalkultou

2	+	4	-	2	-	2	=	2
+		-		-		+		-
5	-	4	+	5	-	6	=	0
-		+		+		-		+
2	+	2	+	3	-	3	=	4
+		-		+		-		-
3	+	1	+	0	-	4	=	0
=		=		=		=		=
8	-	1	+	0	-	1	=	6

Mot caché : somnolentes

s	s	s	c	h	e	v	a	l	r
a	e	n	c	h	i	e	n	r	e
n	x	o	b	i	l	l	e	p	l
g	p	t	n	o	m	d	h	a	f
o	l	a	y	o	r	n	u	y	n
n	i	h	i	e	u	o	r	s	o
f	q	c	s	l	e	v	l	a	r
l	u	s	i	g	n	e	e	n	n
e	e	e	t	i	u	s	r	a	t
r	r	e	e	n	g	i	n	s	u

Page 198

Message codé : Le loup couché ne gagne point de proie, ni le dormeur de victoire.

Page 201

72 moutons

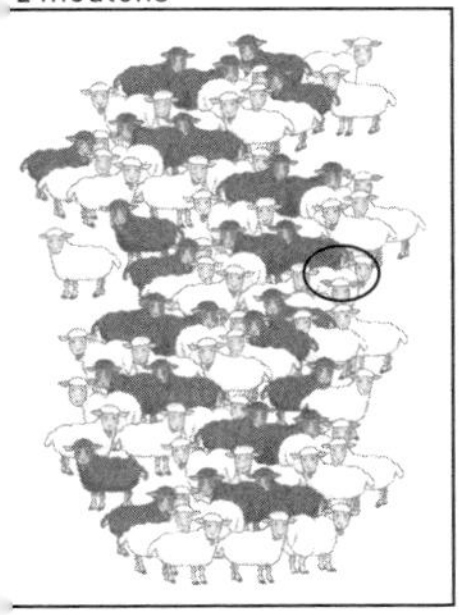

Page 203

Kalkultou

7	+	2	-	1	+	1	=	9
-		+		+		-		-
7	+	3	-	8	+	2	=	4
+		-		-		+		+
1	-	6	+	2	+	3	=	0
+		+		-		+		+
6	-	7	+	2	-	0	=	1
=		=		=		=		=
7	+	6	-	5	-	2	=	6

Message codé : Bien endormi, le chat pense encore à la souris.

Page 207

Mot caché : nuits

p	o	u	l	e	p	c	o	q	s
h	i	v	e	r	r	n	r	u	i
d	i	n	d	e	o	r	u	e	a
i	m	r	u	o	f	u	e	b	m
c	o	c	o	t	t	e	r	m	b
e	l	b	a	s	t	b	g	o	o
c	i	g	a	l	e	m	i	l	u
a	u	t	o	u	r	o	a	o	r
a	v	i	o	n	s	t	m	c	i
t	m	a	r	c	h	e	u	r	s

Page 208

96 moutons

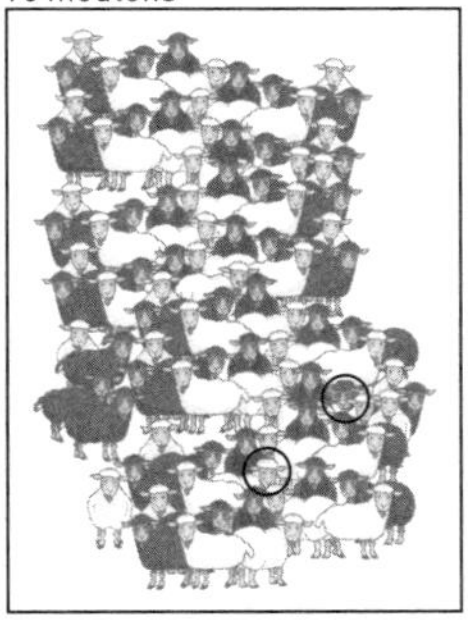

Page 210

Message codé 28 : « Chaque rêve qui réussit est un accomplissement du désir de dormir. »
Sigmund Freud

Kalkultou

3	+	4	-	2	-	2	=	3
+		-		-		+		-
7	-	2	+	5	-	7	=	3
-		+		+		-		+
5	+	2	+	5	-	4	=	8
+		-		+		-		-
3	+	1	+	1	-	2	=	3
=		=		=		=		=
8	-	3	+	3	-	3	=	5

Sudoku

4	3	**7**	**2**	**9**	**1**	8	5	**6**
1	5	**6**	**3**	**8**	**7**	**2**	**4**	9
8	**2**	**9**	**6**	**4**	**5**	7	**1**	**3**
5	9	3	7	**1**	6	4	**2**	8
7	**1**	**4**	**8**	2	9	3	6	5
6	8	2	**5**	**3**	4	1	**9**	**7**
2	**7**	5	**4**	**6**	8	**9**	**3**	1
9	4	8	1	5	3	6	7	**2**
3	6	1	**9**	7	2	**5**	8	4

Page 214

Sudoku

9	1	7	5	**8**	4	**6**	**2**	**3**
2	8	**4**	**6**	**1**	3	5	**7**	**9**
5	**3**	6	9	2	**7**	**8**	**4**	1
8	2	**5**	4	7	**9**	1	3	6
4	**7**	3	1	6	5	9	8	**2**
6	9	**1**	8	3	2	4	5	**7**
1	**5**	2	**7**	**9**	8	3	6	**4**
3	**4**	**9**	**2**	**5**	6	7	**1**	8
7	**6**	**8**	**3**	**4**	1	2	9	5

Page 217

144 moutons

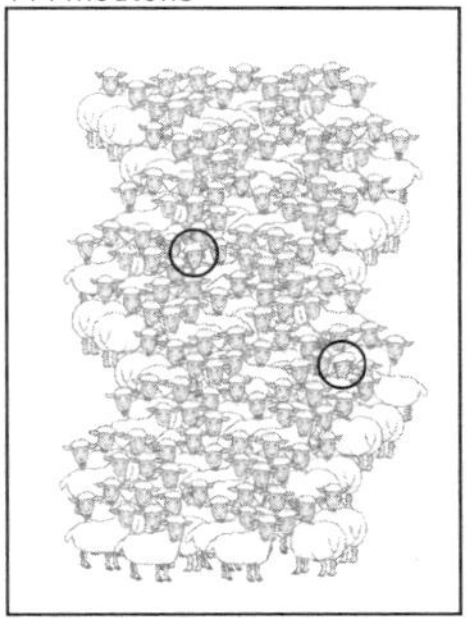

Page 219

Message codé : Qui se lève matin s'essuie la bouche ; qui dort longtemps s'essuie les yeux.

Mot caché : réveil

r	c	d	i	r	i	g	e	r	b
e	r	a	e	d	e	r	v	r	a
r	e	u	u	i	u	u	u	r	l
a	v	p	e	a	s	e	m	e	e
m	e	h	u	l	s	t	e	n	i
a	t	i	q	s	a	o	l	g	n
s	t	n	a	e	m	m	o	i	e
s	e	h	c	o	r	p	n	a	l
e	c	r	o	c	h	e	t	b	a
r	i	l	s	e	l	u	o	b	c

Page 223

Message codé : Qui beaucoup dort et se repose, devenir pauvre s'expose.

Page 224

143 moutons
Il y a plus de moutons blancs.

Page 226

Kalkultou

0	+	7	-	2	-	2	=	3
+		-		-		+		-
6	-	3	+	6	-	9	=	0
-		+		+		-		+
3	+	1	+	3	-	5	=	2
+		-		+		-		-
2	+	3	+	2	-	4	=	3
=		=		=		=		=
5	-	2	+	1	-	2	=	2

Sudoku

1	8	9	5	6	2	3	4	7
5	6	2	3	7	4	8	1	9
7	4	3	1	9	8	2	5	6
2	3	4	9	1	6	7	8	5
9	5	7	4	8	3	6	2	1
6	1	8	2	5	7	4	9	3
3	2	1	6	4	5	9	7	8
8	9	6	7	2	1	5	3	4
4	7	5	8	3	9	1	6	2

Page 230

Kalkultou

2	+	2	-	3	+	3	=	4
-		+		+		-		-
4	+	7	-	7	+	5	=	9
+		-		-		+		+
2	-	4	+	5	+	5	=	8
+		+		-		+		+
4	-	3	+	0	-	1	=	0
=		=		=		=		=
4	+	8	-	5	-	4	=	3

Sudoku

5	4	2	6	9	1	3	8	7
6	3	7	5	8	2	9	4	1
1	8	9	4	7	3	2	5	6
2	1	3	9	4	8	7	6	5
9	5	8	7	1	6	4	2	3
4	7	6	2	3	5	1	9	8
3	9	1	8	5	4	6	7	2
7	2	5	3	6	9	8	1	4
8	6	4	1	2	7	5	3	9

Page 233

156 moutons

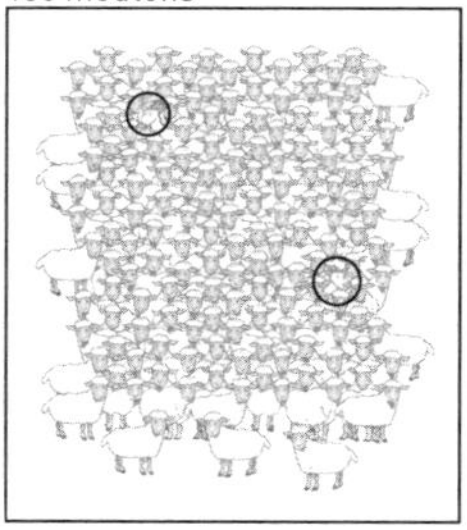

Page 235

Sudoku

8	9	4	3	5	1	6	7	2
3	6	5	2	4	7	9	8	1
1	2	7	8	6	9	4	3	5
4	8	3	9	1	2	7	5	6
6	1	2	7	8	5	3	9	4
5	7	9	4	3	6	1	2	8
7	4	1	5	2	3	8	6	9
2	3	6	1	9	8	5	4	7
9	5	8	6	7	4	2	1	3

Page 239

Mot caché : hôtel

n	r	d	o	u	a	n	i	e	r
i	e	h	a	u	t	e	u	r	h
a	d	n	o	c	l	a	b	o	t
h	r	i	n	o	s	i	a	m	e
c	a	e	s	c	a	r	g	o	t
o	t	r	n	i	a	d	u	o	s
r	e	r	e	h	c	n	e	p	p
p	r	b	a	i	n	s	t	i	a
l	c	i	l	b	u	p	t	e	i
p	a	r	t	e	r	r	e	d	n

Sudoku

3	1	7	2	6	9	4	8	5
5	4	6	3	8	7	9	1	2
8	9	2	1	4	5	7	3	6
7	8	4	6	5	3	1	2	9
6	3	1	9	2	4	5	7	8
9	2	5	7	1	8	6	4	3
2	5	3	4	7	6	8	9	1
1	7	8	5	9	2	3	6	4
4	6	9	8	3	1	2	5	7

Page 240

171 moutons

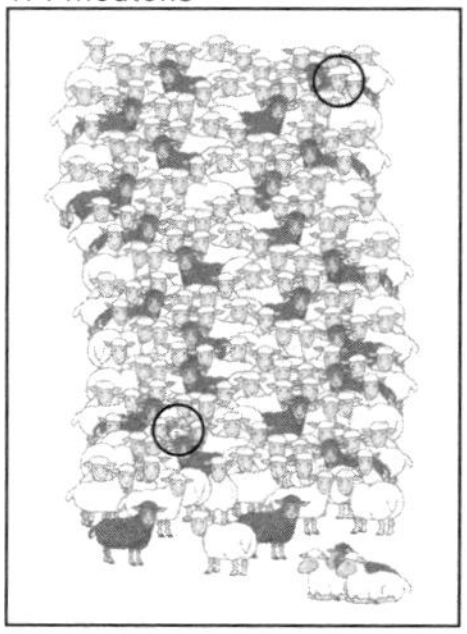

Page 242

Sudoku

7	6	9	5	2	8	1	3	4
1	8	3	9	4	7	5	6	2
5	2	4	3	6	1	9	7	8
8	3	7	1	5	4	6	2	9
2	9	1	6	8	3	7	4	5
4	5	6	2	7	9	3	8	1
9	1	8	4	3	6	2	5	7
3	7	5	8	1	2	4	9	6
6	4	2	7	9	5	8	1	3

Page 246

Kalkultou

5	+	1	+	4	-	3	=	7
+		-		-		+		+
1	-	4	+	8	-	4	=	1
-		+		+		-		+
4	+	5	+	3	-	6	=	6
+		-		+		-		-
1	+	1	+	5	-	1	=	6
=		=		=		=		=
3	+	1	+	4	-	0	=	8

Message codé : « Ceux qui disent dormir comme un bébé, en général, n'en ont pas. »
Leo J. Burke

Page 249

54 moutons

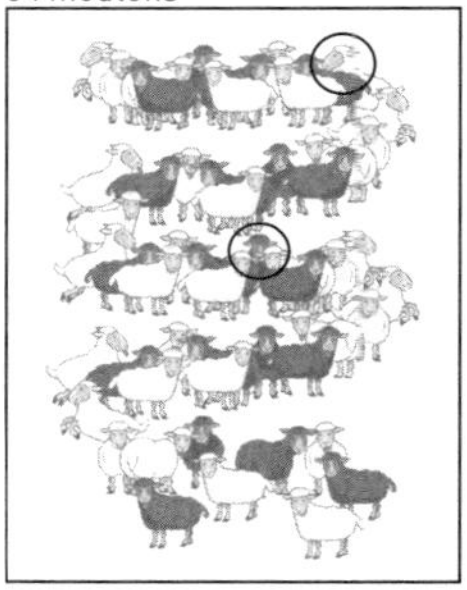

Page 251

Mot caché : soirs

g	a	r	e	s	t	p	u	i	t
p	e	r	u	d	r	o	b	s	t
o	l	i	e	r	a	p	p	a	e
s	r	o	i	e	n	c	r	p	r
i	e	h	s	f	s	l	a	e	m
t	m	o	e	a	p	o	m	n	i
i	r	m	r	r	o	q	p	d	n
o	e	a	u	i	r	u	e	a	e
n	f	r	e	g	t	e	r	n	r
r	s	d	h	c	n	o	d	t	f

Page 256

144 moutons

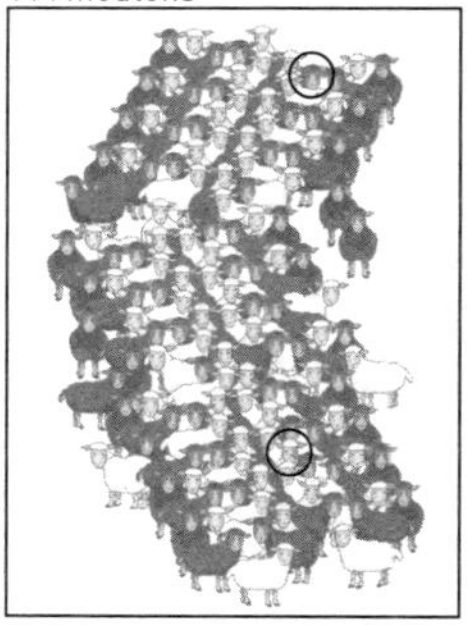

Page 258

Message codé : « Pour dormir tranquille, il faut n'avoir jamais fait certains rêves. »
Alfred de Musset

Page 262

Sudoku

3	9	7	5	1	8	6	7	4
6	8	5	3	4	7	2	9	1
1	4	7	6	2	9	3	8	5
2	6	8	1	7	3	4	5	9
4	7	9	8	5	6	1	2	3
5	1	3	2	9	4	7	6	8
9	3	6	4	8	2	5	1	7
7	2	1	9	3	5	8	4	6
8	5	4	7	6	1	9	3	2

Message codé : À l'hôtel de la décision les gens dorment bien.

Mot caché : somnoleurs

s	u	s	c	o	m	b	l	e	s
o	t	a	o	m	a	t	i	n	e
e	e	a	e	l	t	o	r	g	s
r	n	m	b	d	e	t	n	a	o
o	t	g	b	e	a	i	o	p	r
u	a	l	a	r	i	r	l	m	e
g	t	e	d	p	e	l	u	o	h
e	i	i	r	s	m	b	l	c	c
s	v	l	e	i	m	a	i	e	a
e	e	s	p	m	a	h	c	s	c

Page 265

108 moutons

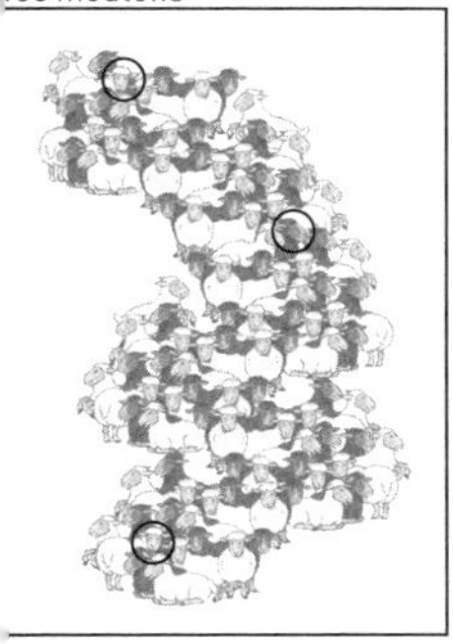

Page 267

Kalkultou

2	+	5	-	2	-	5	=	0
+		-		-		+		+
4	-	2	+	6	-	8	=	0
-		+		+		-		+
6	+	4	+	4	-	6	=	8
+		-		+		-		-
1	+	7	+	3	-	7	=	4
=		=		=		=		=
1	-	0	+	3	-	0	=	4

Page 271

Kalkultou

7	+	2	-	5	+	1	=	5
-		+		+		-		-
4	+	4	-	9	+	4	=	3
+		-		-		+		+
3	-	7	+	5	+	2	=	3
+		+		-		+		+
1	-	4	+	5	-	2	=	0
=		=		=		=		=
7	+	3	-	4	-	1	=	5

Sudoku

7	9	8	2	4	5	3	6	1
6	5	3	1	8	9	7	2	4
1	2	4	7	3	6	8	5	9
9	4	6	3	5	2	1	7	8
2	3	1	6	7	8	4	9	5
5	8	7	9	1	4	6	3	2
3	7	5	4	2	1	9	8	6
4	6	2	8	9	3	5	1	7
8	1	9	5	6	7	2	4	3

Mot caché : nuisette

t	e	s	r	i	o	r	i	m	t
n	u	s	p	l	o	n	g	e	r
a	q	e	e	c	n	i	r	p	a
n	i	s	l	i	f	e	c	n	i
r	g	s	u	i	n	s	o	e	n
a	a	o	s	e	c	o	u	r	s
n	m	b	m	e	t	t	r	t	x
c	r	o	u	g	i	r	a	n	i
e	r	e	g	n	a	r	g	o	o
o	s	n	i	t	u	l	e	m	v

Page 272

58 moutons

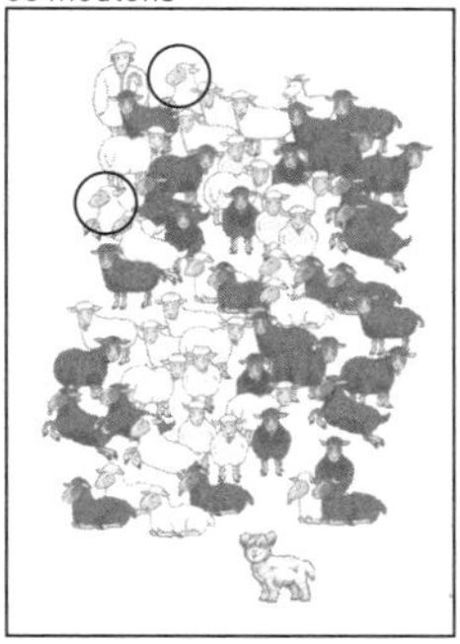

Page 274

Sudoku

2	4	3	8	1	6	7	9	5
8	6	7	5	9	3	4	1	2
1	5	9	7	4	2	3	8	6
7	1	5	2	3	4	9	6	8
3	2	8	9	6	7	5	4	1
6	9	4	1	8	5	2	7	3
4	7	2	6	5	1	8	3	9
5	8	6	3	7	9	1	2	4
9	3	1	4	2	8	6	5	7

Page 278

Message codé : Celui qui sait beaucoup dort peu.

Sudoku

4	9	7	2	5	3	1	6	8
5	8	1	6	4	7	3	2	9
3	6	2	8	1	9	7	5	4
6	4	5	9	3	1	8	7	2
8	1	9	7	2	6	5	4	3
7	2	3	4	8	5	9	1	6
2	5	6	1	9	8	4	3	7
1	7	8	3	6	4	2	9	5
9	3	4	5	7	2	6	8	1

Page 281

88 moutons

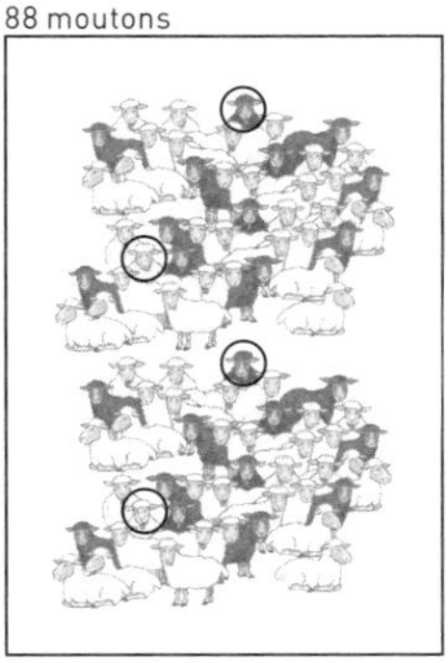

Page 283

Kalkultou

8	-	2	+	2	-	1	=	7
+		-		-		+		+
4	-	3	+	7	-	4	=	4
-		+		+		-		-
2	-	7	+	5	+	4	=	4
-		-		+		-		-
5	+	1	-	2	+	1	=	5
=		=		=		=		=
5	-	5	+	2	+	0	=	2

Sudoku

6	7	5	4	1	2	3	8	9
1	8	2	3	9	6	4	5	7
4	3	9	7	8	5	2	1	6
3	9	1	5	4	8	6	7	2
5	2	7	6	3	1	9	4	8
8	6	4	9	2	7	1	3	5
7	1	3	2	5	9	8	6	4
2	5	8	1	6	4	7	9	3
9	4	6	8	7	3	5	2	1

Page 287

Message codé : Qui mauvaise conscience a, nuit et jour ne dort pas.

Sudoku

3	7	4	6	9	2	1	5	8
9	8	1	5	4	7	3	2	6
2	5	6	1	3	8	9	4	7
8	4	3	2	7	1	5	6	9
1	2	9	4	6	5	7	8	3
7	6	5	3	8	9	4	1	2
4	9	2	7	1	6	8	3	5
6	1	8	9	5	3	2	7	4
5	3	7	8	2	4	6	9	1

Page 288

120 moutons

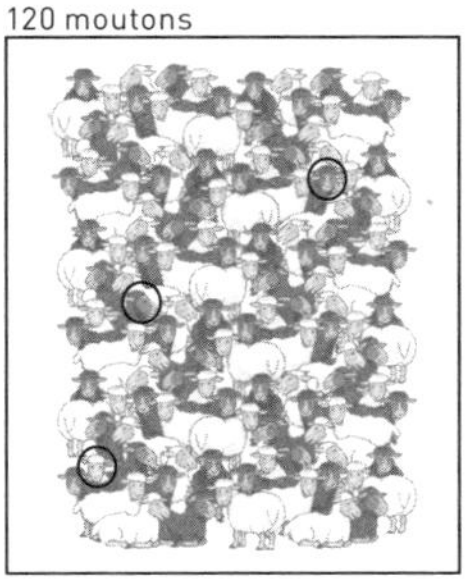

Page 290

Mot caché : sommeils

l	s	e	s	s	i	u	c	s	r
s	e	b	m	a	j	l	o	e	p
e	e	g	a	s	r	v	s	r	a
r	i	m	e	e	m	r	n	t	s
i	r	i	n	n	e	i	a	n	s
o	e	t	a	v	d	n	m	o	a
v	u	e	n	r	i	e	r	c	n
u	g	o	r	i	o	v	a	n	t
o	o	r	e	u	x	h	b	e	l
p	r	i	g	o	l	e	r	r	s

Kalkultou

1	+	6	-	5	+	3	=	5
-		+		+		-		-
5	+	4	-	4	+	1	=	6
+		-		-		+		+
2	-	7	+	4	+	4	=	3
+		+		-		+		+
8	-	6	+	3	-	3	=	2
=		=		=		=		=
6	+	9	-	2	-	9	=	4

Page 294

Kalkultou

7	+	1	-	4	+	2	=	6
-		+		+		-		-
4	+	1	-	7	+	6	=	4
+		-		-		+		+
1	-	3	+	2	+	5	=	5
+		+		-		+		+
1	-	7	+	8	-	2	=	0
=		=		=		=		=
5	+	6	-	1	-	3	=	7

Page 297

87 moutons
Il y a plus de moutons orientés vers la gauche.

Page 299

Sudoku

5	+	4	-	4	+	2	=	7
-		+		+		-		-
6	+	3	-	5	+	5	=	9
+		-		-		+		+
2	-	4	+	4	+	3	=	5
+		+		-		+		+
3	-	2	+	4	-	3	=	2
=		=		=		=		=
4	+	5	-	1	-	3	=	5

Kalkultou

3	4	1	5	7	9	2	8	6
2	5	7	6	8	3	4	9	1
9	8	6	1	2	4	7	5	3
7	3	9	2	4	6	5	1	8
6	2	8	7	5	1	3	4	9
4	1	5	9	3	8	6	7	2
8	6	4	3	1	5	9	2	7
1	7	3	4	9	2	8	6	5
5	9	2	8	6	7	1	3	4

Page 303

Message codé : « Mieux vaut dormir debout que courir couché. »
Ruppert Barnes

Sudoku

6	5	8	4	1	9	7	2	3
3	4	7	2	5	6	9	8	1
1	2	9	8	3	7	6	4	5
8	9	5	7	2	3	1	6	4
4	1	2	6	8	5	3	9	7
7	6	3	1	9	4	8	5	2
9	7	4	3	6	2	5	1	8
5	3	1	9	4	8	2	7	6
2	8	6	5	7	1	4	3	9

Page 304

95 moutons
Il y a plus de moutons qui ne bêlent pas.

Page 310

Sudoku

6	9	1	4	2	8	5	3	7
7	8	2	6	5	3	9	1	4
3	4	5	9	7	1	6	8	2
8	1	6	7	9	4	2	5	3
9	2	4	3	6	5	1	7	8
5	7	3	1	8	2	4	9	6
1	3	8	5	4	6	7	2	9
4	5	7	2	3	9	8	6	1
2	6	9	8	1	7	3	4	5

Kalkultou

7	-	4	+	8	-	4	=	7
+		-		-		+		+
6	-	3	+	9	-	4	=	8
-		+		+		-		-
4	-	9	+	5	+	3	=	3
-		-		+		-		-
1	+	2	-	2	+	4	=	5
=		=		=		=		=
8	-	8	+	6	+	1	=	7

Page 313

106 moutons
Il y a plus de moutons qui sautent vers la droite.

Page 315

Mot caché : traversins

n	o	l	l	i	r	g	e	n	l
o	i	b	a	t	r	n	a	a	i
m	f	o	j	q	n	v	y	t	e
a	e	r	s	o	u	e	i	u	s
d	r	d	n	e	c	e	l	r	n
e	m	c	r	s	b	k	t	e	o
d	e	s	s	e	r	t	e	t	c
q	u	a	r	a	n	t	e	y	e
i	u	e	l	l	e	m	a	h	c
f	n	c	h	e	v	r	e	s	s

Kalkultou

5	+	7	-	3	-	8	=	1
+		-		-		+		-
7	-	4	+	3	-	3	=	3
-		+		+		-		+
7	+	2	+	4	-	5	=	8
+		-		+		-		-
3	+	1	+	0	-	1	=	3
=		=		=		=		=
8	-	4	+	4	-	5	=	3

Page 319

Message codé : Un bon coup de coussin fait plus que le médecin.

Page 320

160 moutons

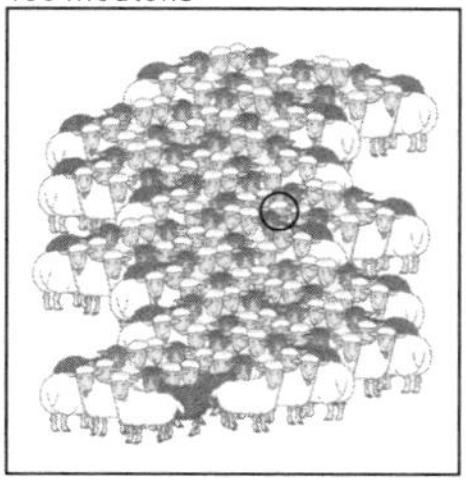

Page 322

Kalkultou

9	-	3	+	6	-	4	=	8
+		-		-		+		+
2	-	3	+	8	-	3	=	4
-		+		+		-		-
7	-	8	+	1	+	3	=	3
-		-		+		-		-
1	+	5	-	3	+	4	=	7
=		=		=		=		=
3	-	3	+	2	+	0	=	2

Page 326

Sudoku

1	8	6	7	3	9	2	5	4
5	2	7	4	6	8	1	3	9
3	9	4	2	5	1	8	7	6
9	1	2	3	8	4	7	6	5
6	7	3	5	9	2	4	1	8
4	5	8	1	7	6	9	2	3
2	6	1	8	4	5	3	9	7
7	4	5	9	2	3	6	8	1
8	3	9	6	1	7	5	4	2

Message codé : Au lit de bonne heure, hors du lit de bonne heure, rend bien portant et riche en argent.

Kalkultou

9	+	6	-	4	-	4	=	7
+		-		-		+		-
4	-	1	+	6	-	6	=	3
-		+		+		-		+
7	+	4	+	2	-	6	=	7
+		-		+		-		-
2	+	2	+	5	-	3	=	6
=		=		=		=		=
8	-	7	+	5	-	1	=	5

Page 329

52 moutons

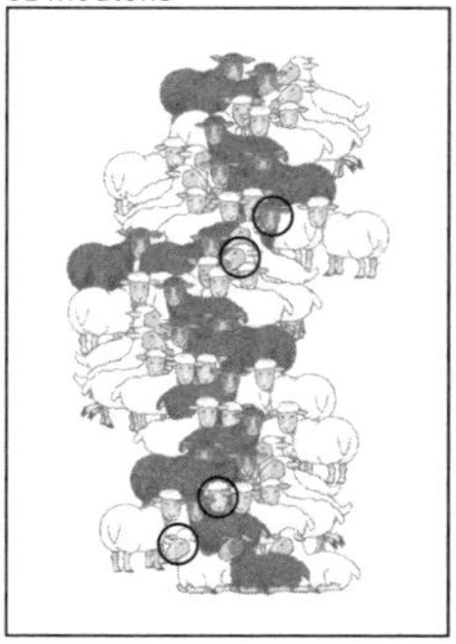

Page 333

Message codé : « Ronfler, c'est dormir tout haut. »
Jules Renard

Kalkultou

0	-	2	+	4	-	2	=	0
+		-		-		+		+
9	-	3	+	4	-	3	=	7
-		+		+		-		-
5	-	8	+	4	+	2	=	3
-		-		+		-		-
4	+	0	-	3	+	3	=	4
=		=		=		=		=
0	-	7	+	7	+	0	=	0

Page 334

143 moutons
Il y a plus de moutons blancs.

Page 336

Message codé : « La morphine a été inventée pour permettre aux médecins de dormir tranquille. »
Sacha Guitry

Sudoku

9	**5**	**1**	3	2	7	4	**6**	**8**
3	7	8	4	**5**	**6**	**9**	**1**	2
2	4	**6**	**9**	**8**	1	**3**	**5**	7
7	3	5	**8**	**9**	2	1	**4**	**6**
1	**2**	**4**	5	**6**	**3**	**8**	**7**	9
6	8	**9**	**7**	**1**	4	2	**3**	**5**
5	**6**	2	**1**	4	9	7	**8**	**3**
4	**9**	3	6	**7**	8	5	2	**1**
8	1	**7**	**2**	**3**	**5**	6	9	**4**

Labyrinthe page 15

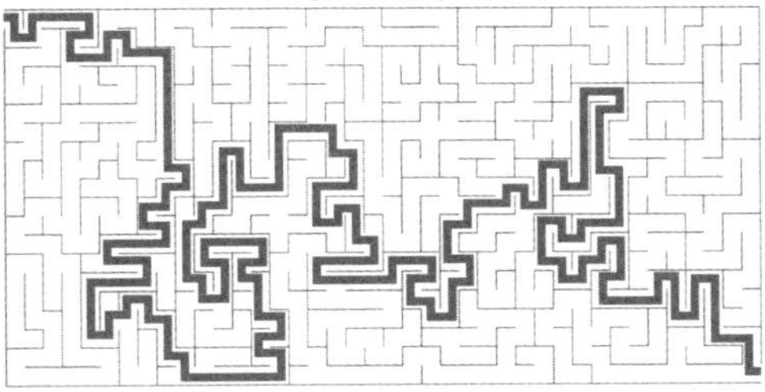

Labyrinthe page 47

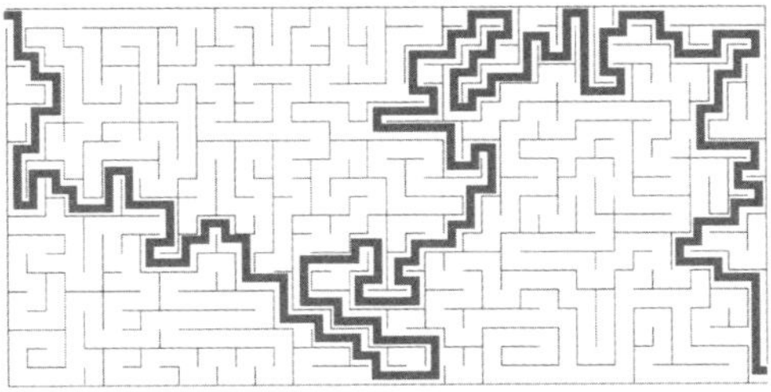

Labyrinthe page 22

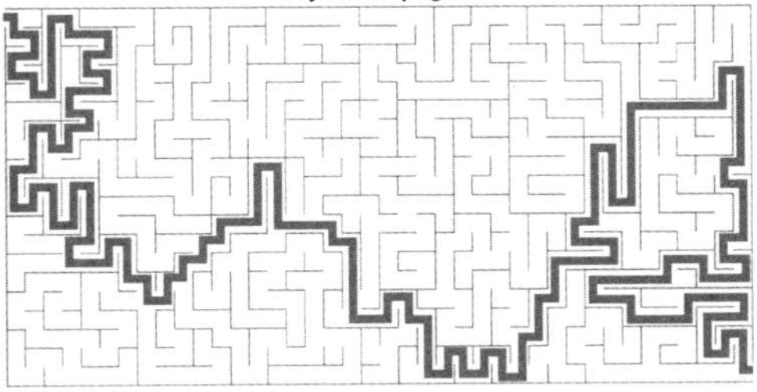

Labyrinthe page 63

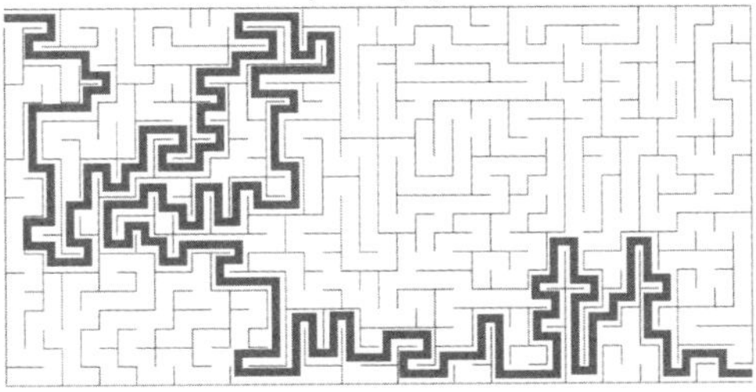

Labyrinthe page 31

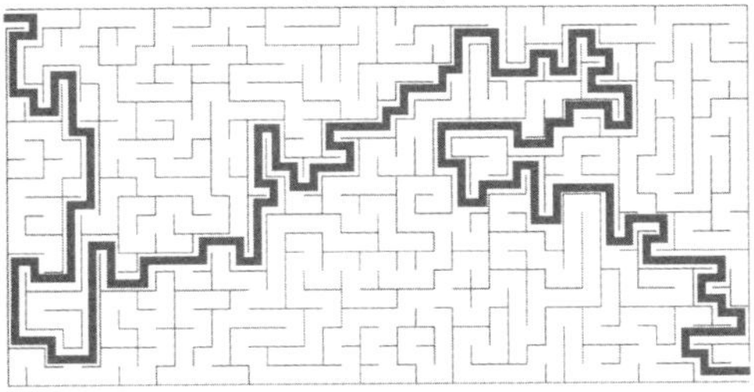

Labyrinthe page 75

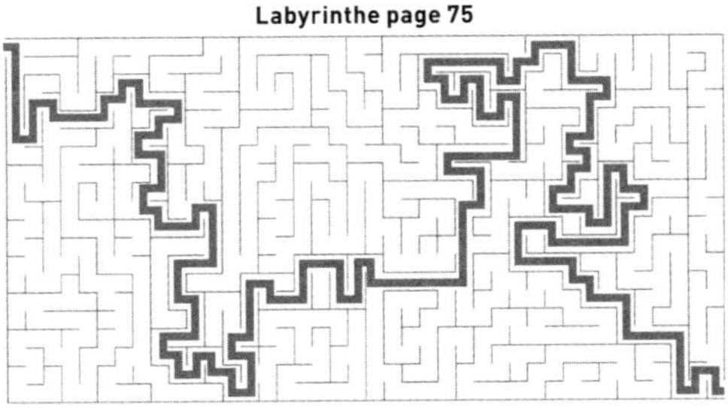

Labyrinthe page 38

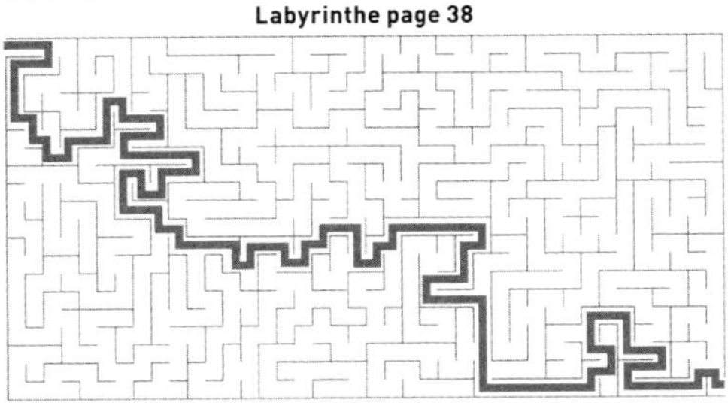

Labyrinthe page 82

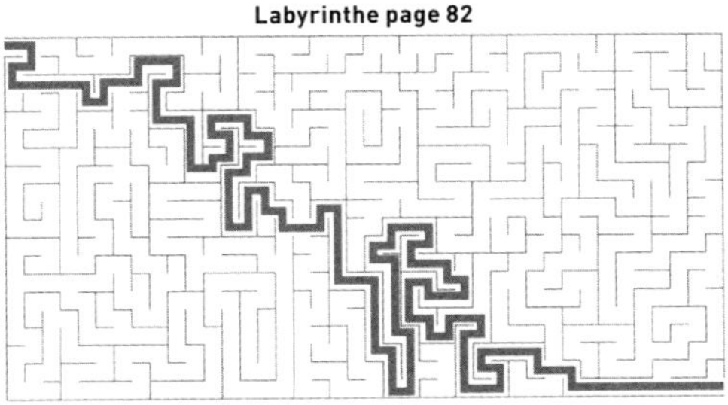

Labyrinthe page 95

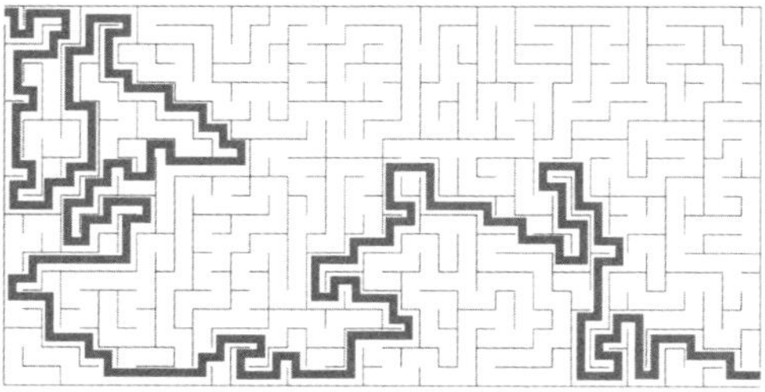

Labyrinthe page 139

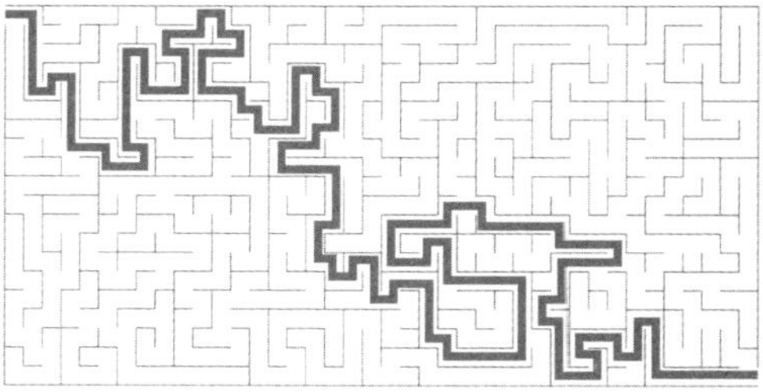

Labyrinthe page 102

Labyrinthe page 146

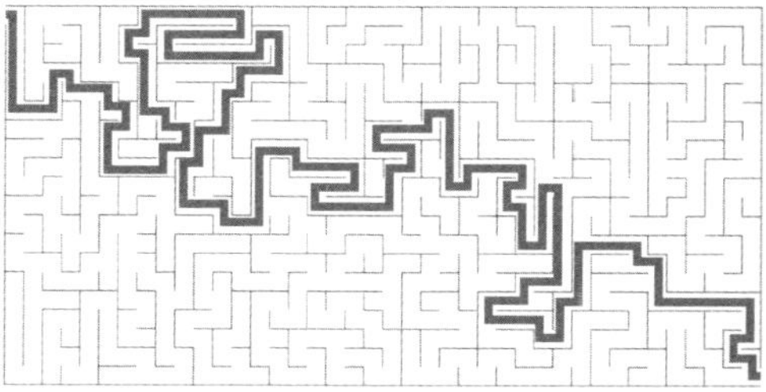

Labyrinthe page 114

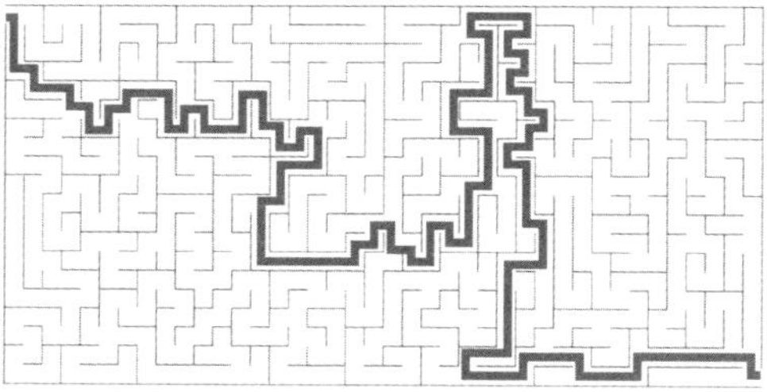

Labyrinthe page 155

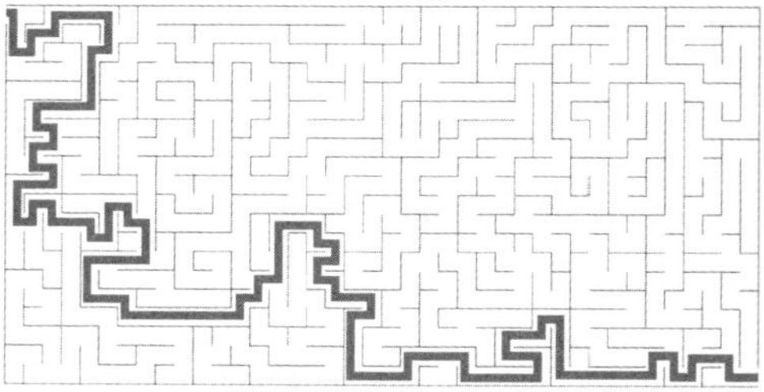

Labyrinthe page 127

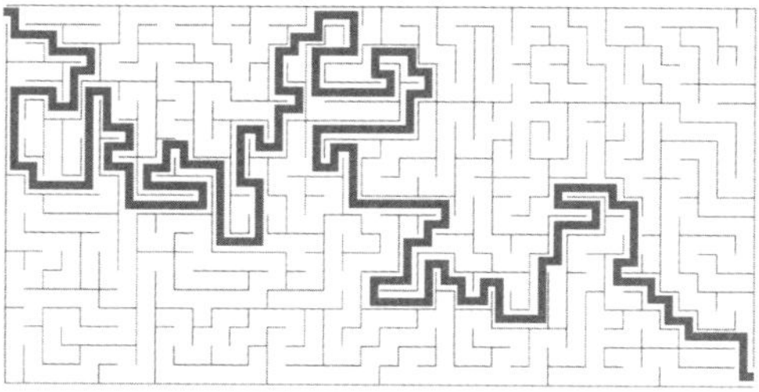

Labyrinthe page 166

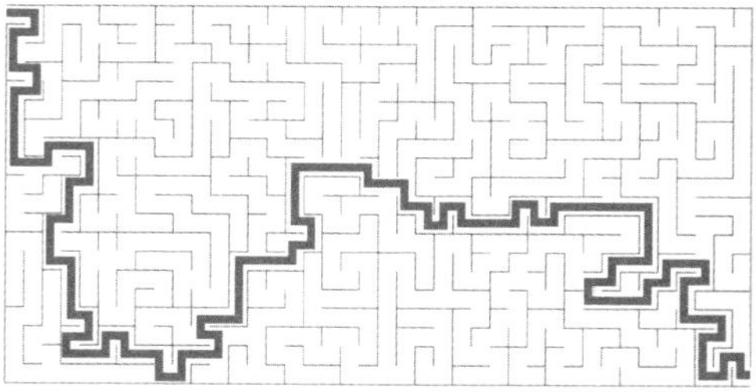

Labyrinthe page 134

Labyrinthe page 175

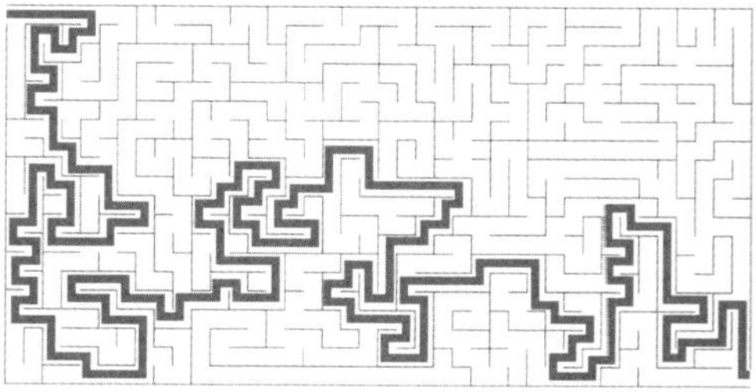

Labyrinthe page 187

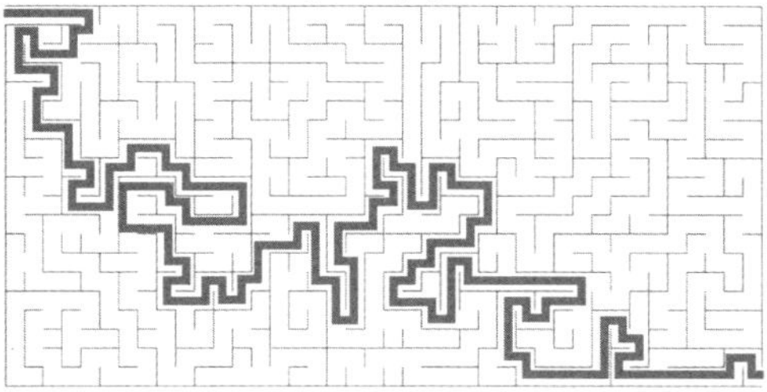

Labyrinthe page 242

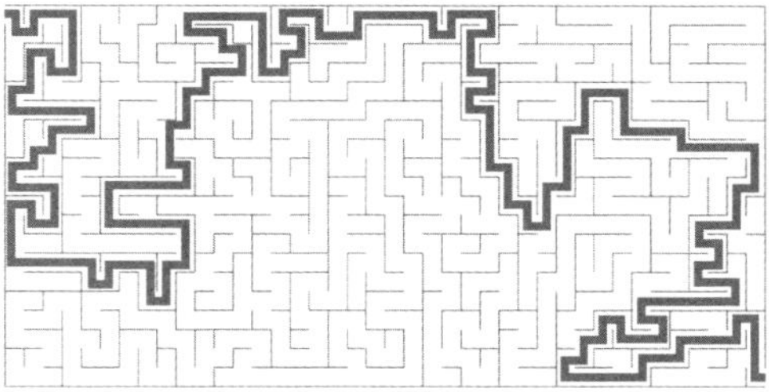

Labyrinthe page 191

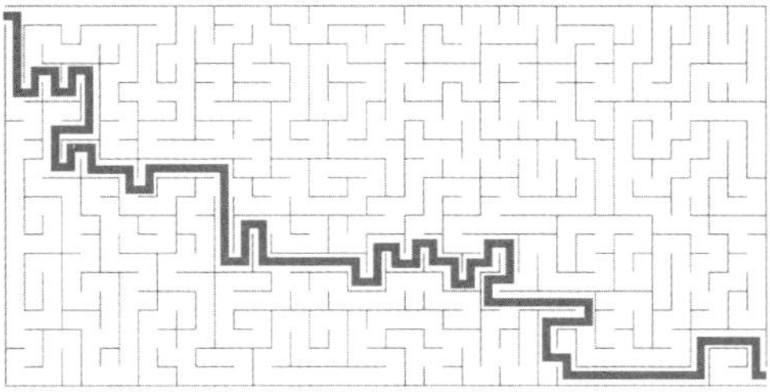

Labyrinthe page 246

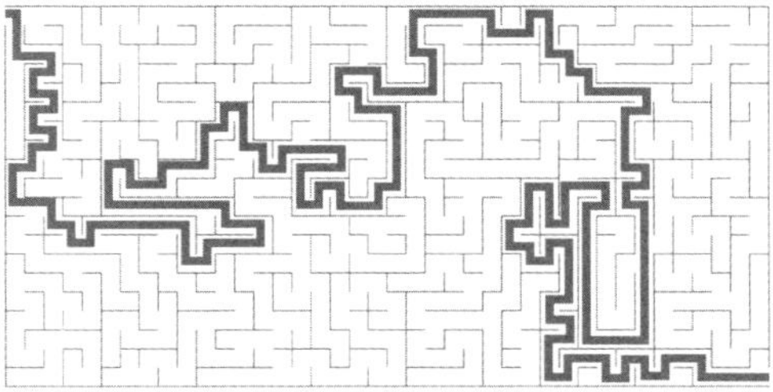

Labyrinthe page 198

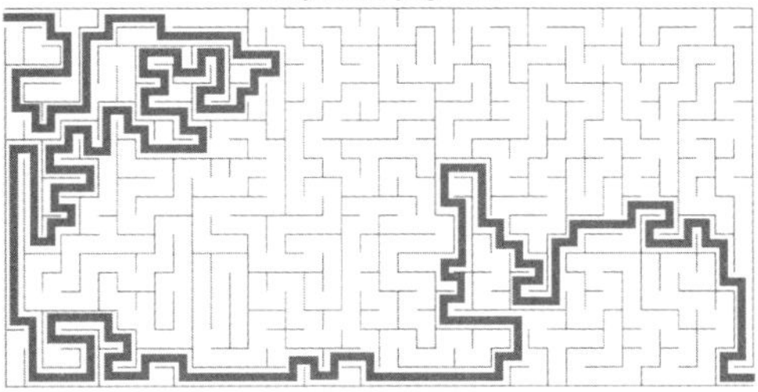

Labyrinthe page 255

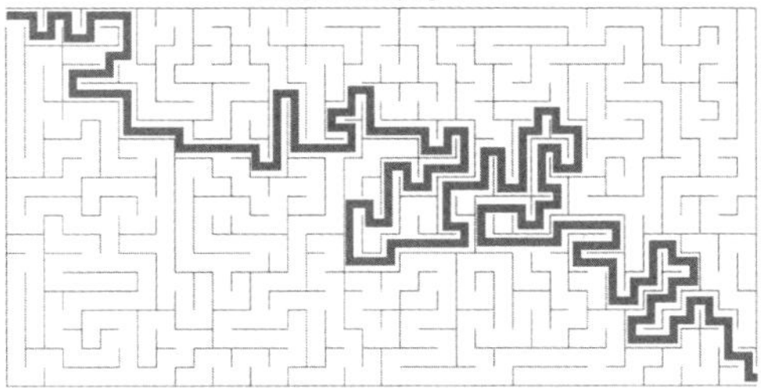

Labyrinthe page 214

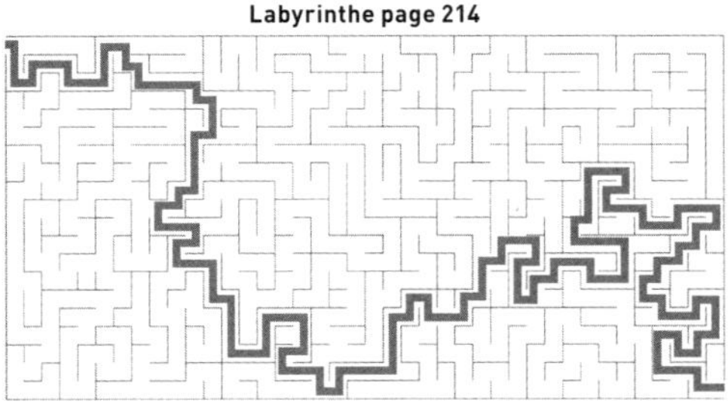

Labyrinthe page 258

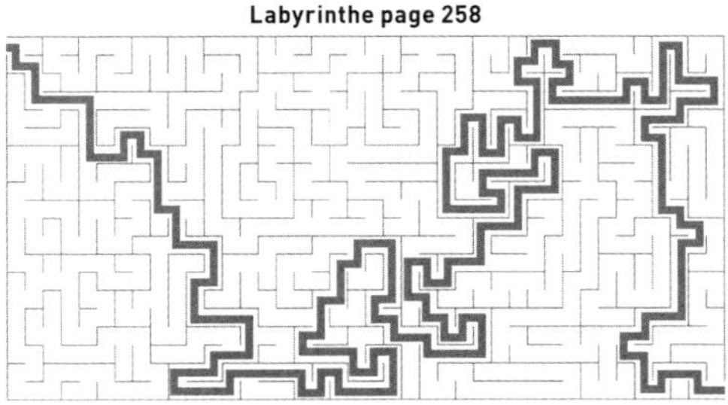

Labyrinthe page 230

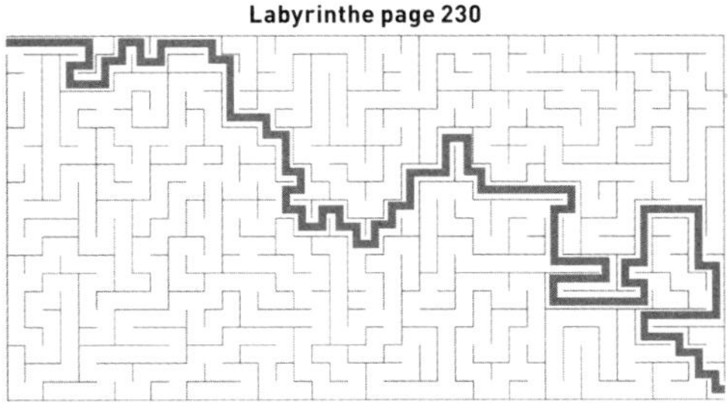

Labyrinthe page 267

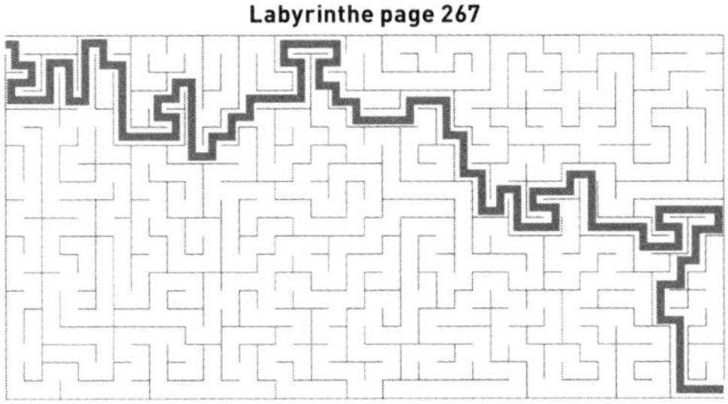

Labyrinthe page 278

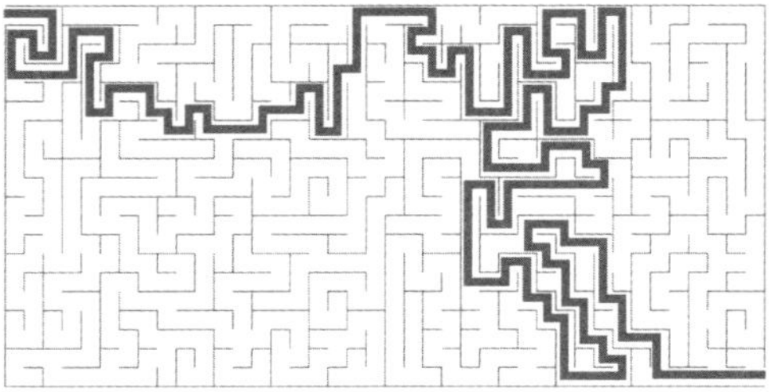

Labyrinthe page 287

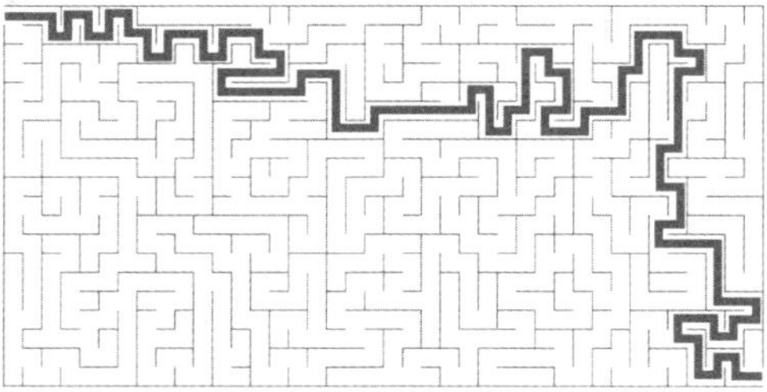

Labyrinthe page 303

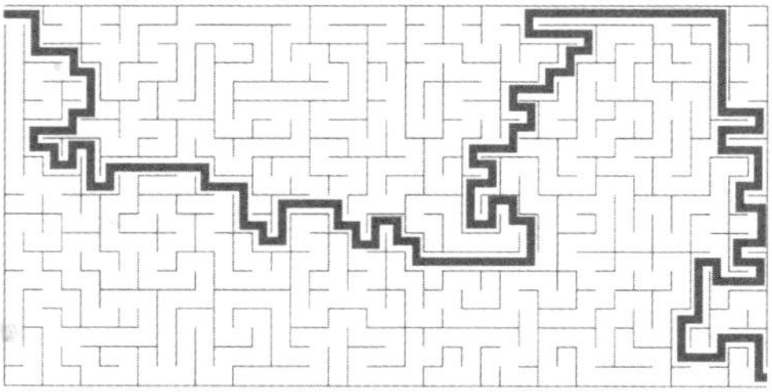

Labyrinthe page 310

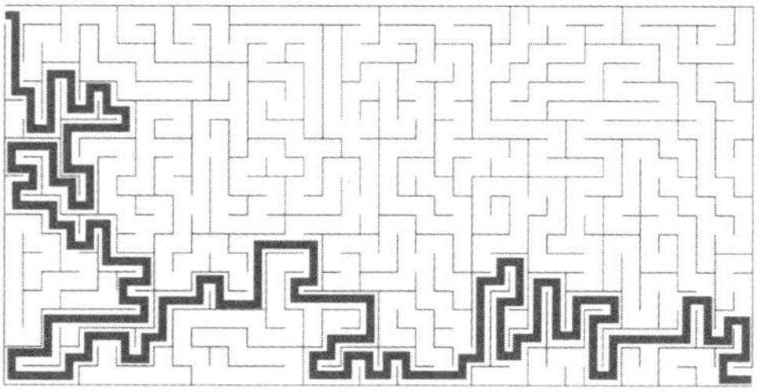

Labyrinthe page 322

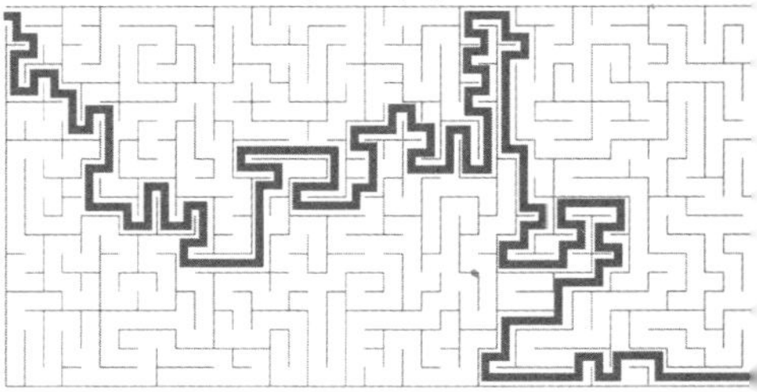

Labyrinthe page 331

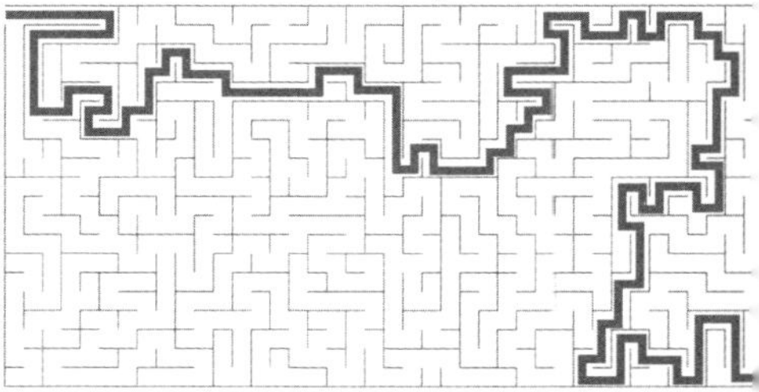

Labyrinthe page 333

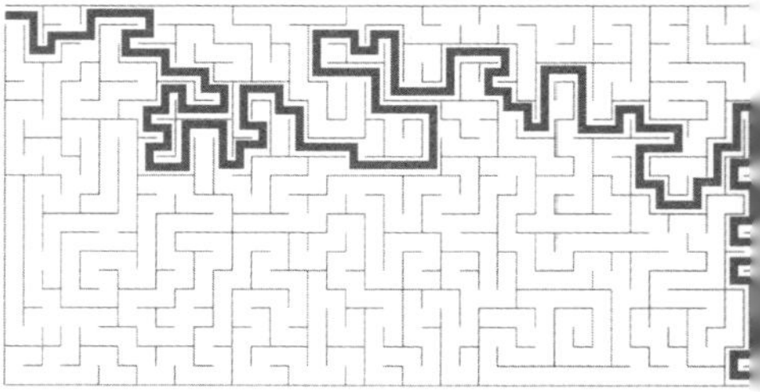

Contactez et rejoignez l'auteur sur sa page Instagram
www.instagram.com/laurentgaulet
et Facebook : www.facebook.com/LGaulet